Den Staub von der Seele pusten

Die Deutsche Bibliothek – CIP-Einheitsaufnahme

Holze-Stäblein, Oda-Gebbine:
„Den Staub von der Seele pusten" : Momente, die gut tun / Oda-Gebbine
Holze-Stäblein. - Leipzig : Evang. Verl.-Anst., 2002
ISBN 3-374-02017-8

1. Auflage 2002
ISBN 3-374-02017-8
© Evangelische Verlagsanstalt GmbH, Leipzig
Printed in Germany · H 6777
Lektorat: Doris Werner, Frankfurt a. M.
Umschlaggestaltung: Gabriele Bickl, Frankfurt a. M.
Titelmotiv: Corbis GmbH, Düsseldorf
Porträt der Autorin: Jens Schulze, Hannover
Typografie: Hans-Jürgen Manigel, Frankfurt a. M.
Druck und Binden: Druckerei zu Altenburg GmbH

Den Staub von der Seele pusten

Oda-Gebbine Holze-Stäblein

EVANGELISCHE VERLAGSANSTALT
Leipzig

*Dieses Buch ist Albrecht Nelle gewidmet.
Als Fernsehbeauftragter hat er viele Jahre lang
meine Worte zum Sonntag begleitet.
Ich danke ihm
für kompetenten Rat und Zuspruch.*

Inhalt

Vorwort — 11

Das Kind, das du warst — 13
Raum zum Leben lassen
  Beschädigte Seele — 14
  Machet die Tore weit — 17
  Ein Straßenkreuz für Dirk — 20
  Von Krippen- und Klappenkindern — 23
  Ein Fingerhut voll Leben — 26
  Umzug — 29

Gott allein die Ehre — 31
Von Pilgern und Müßiggängern
  „Nicht Bach, sondern Meer müsste er heißen" — 32
  Jakobsmuschel — 35
  Von Masken- und Rollenspielen — 39
  Sonntagsfinsternis? — 42
  Bußtag ade? — 45
  Von Scholle zu Scholle — 48
  Veni creator spiritus — 51
  Im Heute leben — 53

Der Engel von Bülzig – Zeit zu lieben **55**
  Wonnemonat 57
  Der Engel von Bülzig 61
  „Friedhofsgemüse" 64
  Rückhalt haben 67
  Mit dem Kran ins Rathaus 70
  Glück 73

Steh auf und geh **75**
Von inwendigen und anderen Wundern
  Steh auf und geh! 76
  Kennen Sie Asphalt? 79
  Zwischen den Türen: Zum neuen Jahr 83
  Sternenhimmel 86
  Österliche Augen-Blicke 89
  Autobahngebet 91
  Übers Gebirge gehen 93
  Das Geschenk 95
  Geh schlafen, Jakob! 97
  Die Witwe von Zarpat 102
  Training ist (fast) alles 105

Wie man im Notfall den Sicherheitsgurt öffnet **109**
Von Angst, Terror und Krieg
  Ist euch nicht Kristus erschienen? 110
  Wohin mit der Angst? 113

Concorde-Katastrophe	116
Spiel mit dem Feuer	119
Wie lernt man seine Feinde lieben?	122
Dann kam der Krieg	125
Statt zu beten, lese ich Zeitung	128
„Lasset uns Menschen machen ..."?	130

Luftballons am Sarg   **133**
Von Tod und Leben

Was sucht ihr den Lebendigen bei den Toten?	134
Brachland	138
Osterlicht	141
Die klugen und die törichten Jungfrauen in Magdeburg	145
Lazarus, komm heraus!	148

Warum ist die eine Hälfte der Menschheit so unvollkommen?   **151**
Von Diäten und anderen Frauensachen

Die Macht der Bilder	152
Abtreibung	155
Internationaler Frauentag	158

Die Kranichfrau   **161**
Begegnungen

Die Kranichfrau	162

Vögel unter dem Himmel,
Lilien auf dem Felde 166
Tränen am Karfreitag 169
Mit dem Kopf durch die Wand? 172
Die Furt 175

Das Blau **177**
Fantasien zu Bildern von Renate Kornacker
Nachtgespräch 179
Das Blau 182
Durchleuchtet 184
Kreuzform 187
Der blaue Schatten des Himmels 189
Caput mortuum 191

In eigener Sache 193
40 Jahre „Wort zum Sonntag" 194
Blaue Briefe 197

Vita der Autorin 200
Anmerkungen 201
Verzeichnis der Bibelstellen 203
Bildnachweis 204

Liebe Leserin, lieber Leser,

„Lust auf ein Buch?" Mit dieser Frage trat der Verlag im Sommer 2001 an mich heran. Ob man nicht eine Auswahl meiner *Worte zum Sonntag* gedruckt herausgeben könnte?

Die Anfrage überraschte mich, und ich war mir zunächst nicht sicher, ob das Sinn hätte. Das *Wort zum Sonntag*, neben der Tagesschau die älteste Sendung des deutschen Fernsehens, ist ja eine sonnabendliche Momentaufnahme, häufig auf aktuelle Ereignisse der vergangenen Woche bezogen. Eine Art Eintagsfliege.

Allerdings ist es die Kunst des *Wortes zum Sonntag*, das, was im Bewusstsein heutiger Menschen obenauf liegt, mit dem zu verbinden, was die Zeiten überdauert: mit der Botschaft der Bibel, die uns in leuchtenden Bildern, in starken Gestalten und Geschichten, in widerständigen Worten von einem lebendigen und barmherzigen Gott erzählt. In Jesus Christus hat er sich unters Volk gemischt. Von ihm will das *Wort zum Sonntag* reden – und damit zugleich den Menschen von heute so nah wie möglich sein. Ihnen will es „den Staub von der Seele pusten", sie trösten und aufrichten.

Viele der hier vorgelegten *Worte zum Sonntag* sind Spiegel der Zeitgeschichte der vergangenen zwölf Jahre, nicht chronologisch, sondern thematisch geordnet. Hinzugekommen sind Andachten, Betrachtungen für die Zeitung, kommentierte zeitgenössische Gedichte und „Fantasien": Dialogversuche mit dem Werk der Malerin Renate Kornacker.

Mein Dank gilt meinem Mann, Friedrich Stäblein, der mir mit kritischem Rat und seinen Computerkenntnissen zur Seite stand, und dem Verlag, der sich auf dieses Wagnis eingelassen hat; insbesondere der Lektorin, Doris Werner, und ihrer ordnenden Hand. Ihr gelten meine besonderen Wünsche.

Aurich, im Juli 2002   *Oda-Gebbine Holze-Stäblein*

Das Kind, das du warst

Raum zum Leben lassen

Beschädigte Seele

Es war ein heißer Tag im August. In der stillen Straße des Villenvorortes spielen Kinder. Ein Sandhaufen an einer Baustelle lockt sie an. Ein junger Bauarbeiter spritzt sie zu ihrem großen Vergnügen mit dem Wasserschlauch nass. „Geh doch mal in den Keller und stelle das Wasser wieder ab", sagt er schließlich zu einem etwa achtjährigen, blond bezopften Mädchen. Das Mädchen geht in den Keller, findet den Wasserhahn, dreht ihn zu. Plötzlich hört es Schritte hinter sich. Ehe es sich umschauen kann, legen sich zwei Hände um seinen Hals. „Wenn du schreist, erwürge ich dich!", hört es die Stimme des Bauarbeiters.

Das Kind schreit nicht. Es bleibt äußerlich ganz ruhig, obwohl ihm das Herz bis zum Hals schlägt. „Komm!" sagt er. Er zieht das Kind zu sich heran, hebt sein Kleid hoch. Das Kind weicht einen Schritt zurück, ohne ein Wort zu sagen. Da zögert der Mann. Irgendetwas veranlasst ihn, das Kind nicht noch einmal anzurühren. Es ist vollkommen still in dem Keller.

Schließlich sagt das Kind: „Ich gehe jetzt." Es steigt die Kellertreppe hoch, geht auf die Straße. Es spielt mit den anderen Kindern weiter, als wäre nichts gewesen.

War nichts? Nichts von den Scheußlichkeiten, von denen wir immer wieder hören. Nur diese Hände um den Hals des Kindes. Nur diese Stimme: „Wenn du schreist, dann erwürge ich dich". Das Kind hat damals niemandem davon erzählt. Jahrzehnte später wird der erwachsenen Frau klar, dass das Kind, das sie war, sich schuldig gefühlt hat. „Ganz lange habe ich gebraucht, bis ich mich auf die Seite des Kindes in mir stellen konnte. Heute finde ich es toll, wie ruhig dieses Kind geblieben ist, sich die Angst nicht hat anmerken lassen, unglaublich ‚vernünftig' gehandelt hat." Sie hat dieses Kindheitserlebnis verarbeitet. Vergessen wird sie es nie. Es ist eingegraben in ihre Seele.

Sie haben es wohl gemerkt: Dieses Kind, das bin ich selbst gewesen. Und das, was ich erlebt habe, das haben viele erlebt, so und viel schlimmer. Ich weiß, wie mich dieses Erlebnis belastet hat. Deshalb frage ich: Haben Menschen heute denn vollkommen das Gefühl dafür verloren, wie empfindsam die Seele eines Kindes ist? Wie es ihrer eigenen Seele ergangen ist, als sie Kinder waren? Die Seele in uns bewahrt das freundliche Lächeln eines Erwachsenen genauso wie eine Todesdrohung. Das massenhafte Antasten, Kaputtmachen und Preisgeben von Kindern, sogar durch die eigenen Eltern, zeigt an, dass unsere Beziehung zu uns selbst zutiefst gestört ist. Wir surfen im Internet, ziehen uns das Intimleben eines Präsidenten rein, schauen zu, was man mit Kindern alles machen kann – und verlieren jedes Gefühl für das, was unbedingt schutzwürdig, unantastbar, tabu bleiben muss, wenn wir nicht völlig aus den Fugen geraten wollen.

„Was hilft es dem Menschen", sagt Jesus, „wenn er die ganze Welt gewönne und nähme doch Schaden an seiner Seele!" Die Welt ist gewonnen. Grenzen sind bedeutungslos geworden, das Internet macht es möglich. Vielleicht würde Jesus heute sagen: „Was würde es dem Menschen helfen, wenn er alle Tabus gebrochen hätte, alle Bereiche der Welt und des Lebens öffentlich gemacht hätte – wäre aber unfähig zur Liebe, zum Glück, zum Erbarmen mit sich selbst und mit anderen!" Das Geheimnis der Erlösung ist die Erinnerung, hat ein jüdischer Weiser gesagt. Das gilt auch hier: Erinnere dich an das Kind, das du warst. Erinnere dich an die Verletzungen, die du erlitten hast. Nicht, um sie jetzt anderen zuzufügen, sondern um andere vor ihnen zu bewahren.

Machet die Tore weit

„Machet die Tore weit und die Türen in der Welt hoch": Das wird am ersten Advent in vielen Gottesdiensten gesungen.

Zum ersten Advent gehört eine Geschichte. „Ein König kommt in die Stadt!", hat es geheißen. Und so stehen die Menschen an der Straße Spalier und schwenken Palmzweige. Einige haben ihre Mäntel auf der Straße ausgebreitet wie einen roten Teppich beim Staatsbesuch. Die Kinder drängeln nach vorne, um besser sehen zu können. Dann lautes Geschrei: „Hosianna! Gelobt sei, der da kommt im Namen Gottes!" Hosianna heißt nicht Hurra oder so etwas Ähnliches, sondern: Herr, hilf uns doch! So bittet man einen König um Hilfe oder – Gott selbst.

Haben denn die Menschen keine Augen im Kopf? Da kommt ein ganz gewöhnliches Eselchen angetrippelt; auf seinem Rücken ein junger Mann in einfachen Kleidern. Ein König? Nicht mal ein Prinz! Was finden die Menschen nur an ihm?

So ist Jesus in die Stadt Jerusalem eingezogen. Und die Frage ist bis heute nicht verstummt: Was finden wir an ihm? Er ist so anders als wir: Er kommt ohne Titel, ohne Bankkonto und ohne Macht aus. Den „Mantel der Geschichte" haben ihm andere umgehängt, nicht er sich selbst. In Sandalen ist er über die Erde gegangen, und ein festes Haus hat er nicht gehabt. Er brachte nichts mit als sich selbst. Ein Mensch. Aber in seinen Worten und seinem Wesen war die Heiligkeit Gottes zum Greifen nah.

Selbst seine besten Freunde haben so viel Einfachheit und Leichtigkeit nicht ausgehalten. Später hat man ihn auf Goldgrund in die Kuppeln der Kirchen gemalt und ihm die Zeichen weltlicher Macht in die Hand gedrückt. Und wir halten diese Leichtigkeit und Einfachheit auch nicht aus. Wir machen prunkvolles Gewese um den Advent und hetzen schwer beladen durch die Straßen, als könnten wir das Paradies kaufen, wenigstens für unsere Kinder. Und ahnen doch: Das ist es nicht. Nicht wirklich.

Jesus braucht weder die Verkleidungen der Macht noch den schönen Schein. Er ist auf seine Weise ein König, ein Mensch unseres Vertrauens. Wir ahnen: So wie er müssten wir sein. Einfach und grenzenlos Menschen. Dann könnte einer wie er auch heute in Jerusalem einreiten, und er würde nicht zwischen Steine und Schüsse geraten. Dann könnte einer nachts auf der Straße sein, und niemand würde ihn jagen, nur weil er schwarz ist. Dann könnte er ein Kind sein und niemand würde dieses Kind an Leib und Seele verletzen. Dann wäre der Name „Gott" groß und hoch gelobt.

Kein Kriegsgott. Kein Fürchtegott. Kein Rachegott. Alle die Götterbilder, mit denen Menschen sich selbst wichtig machen wollen und anderen Angst einjagen: Wir brauchen sie nicht mehr, wenn dieser eine kommt und in unserer Mitte wohnt.

Darum ist es gut, dass er jedes Jahr neu im Advent in unsere Welt einzieht. Damit wir nicht vergessen, wem unsere Sehnsucht gilt.

Ein Straßenkreuz für Dirk

Wochenende: ein Zauberwort! Es schmeckt nach Freiheit, Zeit haben, etwas unternehmen. Besonders junge Menschen freuen sich darauf. Sie sind mit Freunden auf Achse, gehen in die Disko, machen eine Spritztour. Sie wollen einfach Spaß haben.

Aber manchmal endet ein Wochenendvergnügen ganz anders als erwartet. Dann steht vielleicht mitten in der Nacht die Polizei bei den Eltern vor der Tür und bittet sie, mitzukommen zu einer Unfallstelle. Und dann sehen sie mit an, wie Notärzte und Feuerwehrleute versuchen, das Leben ihres Kindes zu retten. Vergeblich.

Oft schon Tage nach der Trauerfeier auf dem Friedhof steht ein Kreuz am Straßenrand: ein anrührendes persönliches Zeichen an einem anonymen Ort, ein Hilfeschrei, eine Mahnung. Der Name, der Tag der Geburt und der des Todes stehen darauf.

Heute vor drei Jahren ist Dirk gestorben. Er war gerade 17 geworden. Er war mit dem Moped unterwegs und wurde von einem Auto erfasst. Die Eltern haben seinen Tod bis heute nicht verwunden. „Das wird auch so bleiben," sagt die Mutter. Die Schwester bringt regelmäßig frische Blumen an das Kreuz, das an ihn erinnert. 15 Straßenkreuze gibt es in der Umgebung. Fast alle werden liebevoll betreut. Solch ein Tod verschmerzt sich nicht. Gerade, weil es fast immer junge Menschen sind, Menschen wie Dirk.

Für manchen sind solche Kreuze eher ein Ärgernis. „Diese jungen Kerle sind doch selbst schuld! Die wollen zeigen, wie toll sie sind, trinken und fahren dann um die Wette!" Manchmal, nicht immer ist das so. Aber selbst wenn: Wie oft haben Sie und ich wohl schon schwere Fehler gemacht. Aber *wir* mussten sie nicht mit dem Leben bezahlen. Wir können immer noch aus ihnen lernen. Das ist eine unverdiente Gnade.

Seit ich dieses Kreuz kenne, geht mir eine Geschichte aus dem Neuen Testament durch den Kopf. Jesus kommt in die galiläische Stadt Nain. Im Stadttor begegnet er einem Trauerzug. Eine Mutter hat ihren Sohn verloren. Weinend geht sie hinter der Bahre. Als Jesus diese Mutter sieht, geht ihm ihr Leid zu Herzen. Er sagt zu ihr: „Weine nicht" – tritt an die Bahre, berührt sie und sagt zu dem Toten: „Steh auf!" Und der junge Mann richtet sich auf.

Dieses *Berühren* berührt mich. Jesus berührt den Toten mit der Lebendigkeit, die er von Gott hat, und weckt ihn auf. Himmelweit übersteigt das unsere Vorstellungen und Möglichkeiten. *Wir* können, näher an der Erde, eine solche Mutter und einen Vater berühren und umarmen und ihnen nah sein, auch wenn wir kein tröstendes Wort wissen. – Das soll aber auch wahr sein, das von himmelweit oben: dass solch ein Kind, das Eltern in ihrem Jammer Gott vorhalten, von Gott gehalten und umarmt ist. Es soll im Leben Gottes sein. Der Bruch im eigenen Leben wird bleiben. Aber vielleicht rührt Christus auch mein gebrochenes Leben so an, dass ich es mit der Zeit wieder umarmen kann.

Allen jungen Menschen, die unterwegs sind, wünsche ich, dass sie heil und unbeschadet nach Hause kommen! Gott behüte sie!

Von Krippen- und Klappenkindern

Was bringt ein 16-jähriges Mädchen dazu, mutterseelenallein ein Gebirge zu überqueren? Obendrein ist das Mädchen schwanger, und niemand weiß, wer der Vater des Kindes ist. „Maria machte sich auf und ging eilends in das Gebirge." So steht es in der Bibel. Wenn wir den Goldstaub von Weihnachten, der auf diese Vorgeschichte fällt, wegpusten und auch die hehren Madonnenbilder einmal beiseite legen, dann kommt eine ziemlich verlassene Maria zum Vorschein. Das innere Gebirge war für dieses halbe Kind mindestens so unwegsam wie das äußere.

Das kann auch heute so sein: Kürzlich brachte eine 17-Jährige ein Kind zur Welt – und setzte es in ihrer Not aus. Dieses Kind wurde gerettet, andere nicht. In einigen Großstädten gibt es jetzt so genannte „Babyklappen": Zuflucht für verzweifelte Mütter, Rettungsanker für ihre ausgesetzten Kinder.

Maria braucht Zuflucht. Jemanden, der sie in Schutz nimmt vor dem Getratsche der Leute und ihr und dem Kind weiterhilft. Maria rennt. So groß ist der Druck. Und wohin? Zu einer anderen Frau. Elisabeth, eine Verwandte, die seit langem kinderlos verheiratet und inzwischen zu alt ist, um Kinder zu kriegen. Eigentlich. Doch jetzt ist sie schwanger. Und die Leute zerreißen sich das Maul über sie. Seit Monaten traut sie sich nicht mehr aus dem Haus. Zu ihr läuft Maria in ihrer Not.

Und die beiden Frauen kommen einander nah. Sie stehen einander gegenüber – und wissen plötzlich: „Es ist ein Segen, dieses Leben in uns! Das sind Gotteskinder!" – Sie fallen einander um den Hals und tanzen sich den ganzen Jammer von der Seele.

Maria rennt nicht mehr. Maria steht fest auf ihren Füßen und singt den Gesang einer Powerfrau auf den Gott des Lebens: „Hoch sollst du leben, Gott. Du bist mein Freund geworden. Du hast dich um mich gekümmert, als ich in der Klemme saß. Du hilfst den Kleinen auf die Füße. Du lässt den Mächtigen ihren Hochmut nicht durchgehen. Du wirfst sie aus ihren Sesseln. Die Hungrigen machst du satt und die Reichen lässt du leer ausgehen. Die bösen Mäuler müssen verstummen. Du bist der Gott, auf den ich mich verlassen will."

Maria und Elisabeth: starke Frauen waren das! Sie haben damals angefangen, ein Netz zu knüpfen, das trägt und auffängt. Auch heute. Wichtig ist nur, dass jemand da ist, der einer jungen Frau einen Zipfel dieses Netzes in die Hand gibt und ihr sagt: „Komm, du bist nicht allein. Ich weiß, wie es weitergehen kann für dich."

Wo das passiert, da haben auch die Kinder eine Chance: Krippenkinder wie das von Bethlehem und Klappenkinder in deutschen Großstädten und anderswo. Da kommt uns auch die weihnachtliche Freudenbotschaft nah: „Uns ist ein Kind geboren." Vielleicht sogar zum Tanzen nah!

Ein Fingerhut voll Leben

Ein kahlköpfiges Kind sitzt unter einem Sauerstoffzelt und starrt auf einen kleinen Fernseher, der am Fußende seines Bettes installiert ist. Ist es ein Junge? Ein Mädchen? Wie alt mag er oder sie sein? Zwölf? Oder vierzehn? Vor dem Bett sitzen offenbar die Eltern. Sie stecken in Kitteln, wie man sie auf Intensivstationen bekommt. Die Mutter liest. Der Vater starrt vor sich hin. „Heiner erträgt alles wortlos", steht in dicken, schwarzen Buchstaben daneben. Dieses Bild habe ich vor einigen Tagen in der Zeitung gesehen, dazu die Geschichte von Heiner und anderen leukämiekranken Kindern. Heiner und seine Eltern warten und hoffen darauf, dass sich ein Spender oder eine Spenderin findet, deren Knochenmark mit dem von Heiner so weit übereinstimmt, dass eine Knochenmarktransplantation vorgenommen werden kann.

Transplantation! Das klingt nach riesigem Klinikapparat, nach komplizierter Operation. Aber die Medizin hat ungeheure Fortschritte gemacht. Was der leukämiekranke Heiner braucht, ist die Menge Blut von einem anderen Menschen, die in einen Fingerhut passt. Ein Fingerhut voll Blut. Für Heiner kann er Leben bedeuten. Weiterleben. Diese Wahnsinnskrankheit überleben. Irgendwann raus aus dem Sauerstoffzelt. Wieder draußen sein und ganz normal zur Schule gehen. Mit anderen Kindern toben und spielen. Die Eltern anfassen. Mit den Geschwistern am Tisch sitzen. Erwachsen werden. Alt werden dürfen. Leben aus einem Fingerhut.

Die deutsche Knochenmarkspenderdatei ruft immer wieder zu Blut- und Geldspendeaktionen auf. 800 Kinder und Erwachsene warten und hoffen darauf, dass ihr Leben auf diese Weise noch zu retten ist. Ein Fingerhut voll Blut kann Leben bringen. Es könnte mein Blut sein. Es könnte Ihr Blut sein, das ein Leben rettet.

Wenn ganz viele Menschen mitmachen, dann entsteht so etwas wie ein unsichtbares Netz, in dem vielleicht einige von den 800 aufgefangen werden können. „Ich will euch zu Menschenfischern machen", hat Jesus einmal gesagt. An Leukämie und Knochenmark hat er damals nicht gedacht. Und ich habe bisher gedacht, er meine eine Menschenfischerei für Gott: Menschen mit Gottes Liebe in Zusammenhang bringen. Aber das muss gar kein Gegensatz sein. Heute kann das im Sinne Jesu auch heißen: Menschen in ein Netz von Leben einbinden. So viele wie möglich auffangen, sie herausfischen aus einem Meer von Hoffnungslosigkeit. Sie auf diese Weise spüren lassen, dass ihr Leben mit Gott durch ein Netz der Liebe verbunden ist, das viele Menschen knüpfen.

Gandhi hat gesagt: „Fragt dich ein Hungernder: ‚Wo ist Gott?', dann gib ihm Brot und sag: ‚Hier'". Heute kann das so heißen: „Fragt dich ein leukämiekrankes Kind: ‚Wo ist Gott?', dann bring deinen Fingerhut voll Leben ein und sag: ‚Hier'."

Umzug

Gerade habe ich einen Umzug hinter mir. Die letzten Kisten stehen noch unausgepackt im Keller. Aber das meiste hat sich wieder angefunden: das Paar Schuhe, in dem ich gut laufen kann; die Postkarte mit der Zeichnung von Rembrandt; das verloren geglaubte Objektiv meiner Kamera.

Auch mein Körper lernt, sich in der neuen Umgebung zurechtzufinden. Nur manchmal noch mache ich unwillkürlich eine Drehung nach links, wo früher die Küchentür war. Oder ich stoße mich an der Kommode, die jetzt im Weg steht. Und nachts wache ich auf, weil die Geräusche anders sind als in der alten Wohnung. Auf der Straße nicken wir uns schon freundlich zu, die Nachbarn und ich. Langsam wachse ich an. Es ist ja nicht mein erster Umzug.

An den ersten Umzug kann ich mich noch gut erinnern. Damals war ich elf. Als der Umzugswagen gepackt war, bin ich noch einmal in die leere Wohnung gegangen. Wo das Bild meines Urgroßvaters gehangen hatte, war nur noch ein helles Viereck, und ein vergessener Nagel an der Wand erinnerte an die Blockflöte. Der Brandfleck auf dem Holzfußboden: Da war mal glühende Kohle aus dem Ofen gefallen. Es war unsere Wohnung – und war es auch nicht. Vertraut war sie und fremd zugleich.

Später fragte ich meine Mutter: „Können wir wieder herkommen, wenn wir jetzt umgezogen sind?" „Nein", sagte sie. „Da wohnen bald fremde Leute. Es ist nicht mehr unsere Wohnung." „Und ich kann da nie mehr rein?" „Nie mehr." Geweint habe ich wohl nicht, aber es tat furchtbar weh, dieser erste Abschied von einem Gehäuse, das mir vertraut gewesen war wie eine zweite Haut. Spätere Umzüge haben nicht mehr so weh getan, und heute kann ich ihnen auch Gutes abgewinnen: das Aufräumen, das Wiederfinden, die neue Ordnung, das alles gibt dem Leben auch neuen Schwung. Es ist schön, von Zeit zu Zeit neu anzufangen.

Aber ein bisschen von dem Schmerz über das „Nie mehr" aus der Kindheit ist auch geblieben und das Erschrecken über die plötzliche Fremdheit eines vertrauten Raumes. Es stimmt, was man sagt: Jeder Abschied ist ein kleiner Tod. Aber es stimmt auch: Jeder Anfang ist eine kleine Geburt. So oft ich einen kleinen Tod sterbe, so oft komme ich auch neu zur Welt. Das Leben hält einen ganz schön in Atem, zwischen dem ersten und dem letzten Atemzug!

Gott allein die Ehre

Von Pilgern und Müßiggängern

„Nicht Bach,
sondern Meer müsste er heißen"

„Nicht Bach, sondern Meer müsste er heißen", hat Beethoven über ihn gesagt. In der Tat: unerschöpflich wie das Meer ist Bachs Musik. Und unerschöpflich tief bringt er in der Sprache der Musik den christlichen Glauben zum Ausdruck. Shakespeare hat gesagt, die Musik sei Nahrung für die Liebe. Das stimmt. Manchmal facht sie sogar eine fast erloschene Liebe wieder an.

Aber Musik ist auch Nahrung für den Glauben. Bach hat den Menschen die Gegenwart Gottes ins Herz musiziert. „Bei einer andächtigen Musik ist allezeit Gott mit seiner Gnadengegenwart". Diesen Satz hat Bach in seine Bibel geschrieben. Seine Musik ist genial, aber niemals überwuchert sie das Wort. Sie *dient* ihm; sie bringt die Wahrheit und den Trost des Evangeliums zum Leuchten. „Soli Deo Gloria" hat er mit schönem Schwung unter seine Werke geschrieben: „Gott allein die Ehre".

Bachs Musik ist nicht nur Nahrung für vorhandenen Glauben; sie kann auch fast erloschenen Glauben wieder anfachen. Über dreißig Jahre ist das jetzt her: Ich war im fünften theologischen Semester. Plötzlich, wie das bei Theologen manchmal passiert, war mir der Glaube abhanden gekommen. Ich saß da und wusste nicht, weshalb ich dieses Fach überhaupt noch studieren sollte. Und da waren es nicht Bücher und auch nicht Professoren, die mir geholfen haben. Bach war es. Ich sang damals in Heidelberg die h-Moll-Messe mit. Und da gibt es diese Passage im Glaubensbekenntnis: „... et incarnatus est": „und er ist Mensch geworden, gekreuzigt, gestorben und begraben." In der Musik von Bach steigt dieses „und er ist Mensch geworden" aus der Höhe des Himmels herab bis zum Tiefpunkt der Welt, unbeirrt von den Schlägen, die von allen Seiten kommen. An dieser Musik habe ich damals neu gelernt, wie Gott in Christus in der Welt ist: er geht der Welt auf den Grund, geht an ihr zu Grunde – und bleibt doch ihr Grund, unbeirrt in seiner Liebe zu ihr.

Sicher hat auch unser Chorleiter dazu beigetragen, dass ich meinen Glaubensfaden wiederfand. Er war ein kleiner, rundlicher Mann mit einem freundlichen Eulengesicht. Wenn wir allerdings bei den Proben schlecht sangen, dann konnte er gewaltig aus der Haut fahren. Als wir bei der Aufführung der h-Moll-Messe den Gesang der Engel, das Sanctus, sangen, da stand er mit geschlossenen Augen und schwang die Arme, als wüchsen ihm Flügel. Er war wie entrückt; als sähe er im Sanctus den Himmel offen. Was wäre Bachs Musik ohne die Menschen, die sich von ihr in Dienst nehmen lassen und andere für sie begeistern!

Himmelsbrot ist diese Musik. *Ein* Leben reicht nicht, um sie auszuschöpfen. Und wenn Gott es ihm erlaubt hat: Was mag Bach inzwischen noch alles geschrieben haben, zur Ehre Gottes und zur Freude der Engel! Vielleicht werden wir es hören, dann, wenn Himmel und Erde eins werden.

Jakobsmuschel

Die Urlaubszeit, das sind die kostbarsten Wochen des Jahres, sagt man. Viele sind unterwegs. Und mancher bringt auch etwas von der Reise mit: ein Andenken, zur Erinnerung an ein schönes Erlebnis.

Ich habe auch etwas mitgebracht von einer Reise, die ich mit einer Gruppe gemacht habe. Eine Muschel. Wir waren in Santiago de Compostela. Das liegt im Nordwesten Spaniens, nicht weit vom Atlantik. Seit Jahrhunderten bringen sich die Menschen solche Muscheln von dort mit. Eine Legende erzählt, der heilige Jakobus – spanisch: Santiago –, Jünger Jesu und späterer Apostel, liege in Santiago de Compostela begraben. Schon vor tausend Jahren, als das Grab Christi in Jerusalem im Herrschaftsbereich des Islam lag und von den Christen nicht mehr besucht werden konnte, wurde die Stadt Santiago mit dem Grab des Apostels Jakobus ein bevorzugtes Ziel für Pilger aus ganz Europa. Für dieses Ziel nahmen sie beschwerliche und gefahrvolle Wege auf sich, ertrugen Kälte und Hitze, Hunger und Durst. Etliche wurden krank, mancher starb unterwegs. Wer aber Santiago erreicht hatte, der ging auch noch das letzte Stück bis zum Atlantik und nahm von dort eine Muschel mit – als Andenken und als Beweisstück für die zu Hause, sozusagen als Ansichtskarte: Seht her, ich trage sie am Hut, die Jakobsmuschel. Ich war in Santiago.

Unsere Reise war mehr eine Studienfahrt als eine Pilgerreise. Wir haben aber erstaunlich viele Menschen getroffen, die als Pilger auf den alten Wegen nach Santiago unterwegs waren. Sie gingen zu Fuß, den Pilgerstock in der Hand, oder sie waren mit dem Fahrrad unterwegs, einige sogar zu Pferde. Viele reisten wie wir mit dem Bus und liefen zwischendurch eine Strecke auf einem der alten Wege, vorbei an Pilgerherbergen und den wunderbaren alten Kirchen. So haben wir es auch gemacht und dabei verstanden, was das eigentliche Erlebnis beim Pilgern ist: Nicht nur das Ziel, auch der Weg ist wichtig.

Wenn wir heute reisen, wollen wir bald am Ziel sein. Der Weg, das sind Kilometer, Flugstunden und Zugstunden, die man schnell, billig und bequem hinter sich bringen möchte. Und dann passiert es eben, dass der Körper schon in Rom unter der Dusche steht, während die Seele noch zu Hause hockt. Oder wir laufen durch die Straßen einer bestimmten Stadt, klappern die Sehenswürdigkeiten ab und wundern uns, warum uns alles kalt lässt. Die Seele ist noch nicht mitgekommen. Nicht nur der Weg, auch unsere Ziele verlieren an Wert durch das Tempo unseres Reisens.

Wenn aber einer sich aufmacht – ja, im wahrsten Sinne des Wortes sich aufmacht, sich öffnet – und den Weg Schritt für Schritt unter die Füße nimmt, ihn genießt und erleidet wie die Pilger damals; wenn er Zeit hat, seine Seele vorauszuschicken in die Stadt seiner Träume und sich ein inneres Bild von ihr zu machen; wenn der Weg selbst ein Stück gelebtes Leben wird und den Wanderer verändert; wenn wir unsere Langsamkeit wieder entdecken; wenn wir spüren, dass die Gedanken nicht im Kopf, sondern im Leib anfangen: dann wird auch das Ankommen am Ziel zu einem wirklich festlichen Erlebnis.

So möchte ich wenigstens noch einmal in meinem Leben unterwegs sein. Die Jakobsmuschel wird mich an diesen Wunsch erinnern. Und das Pilgergebet, das wir auf unserer Reise jeden Morgen gesprochen haben:

> *Gott, dieser Tag und was er bringen mag,*
> *sei mir aus deiner Hand gegeben.*
> *Du bist der Weg, die Wahrheit und das Leben.*
> *Du bist der Weg: ich will ihn gehen.*
> *Du bist die Wahrheit: ich will sie sehen.*

*Du bist das Leben: mag mich umwehen
Leid und Kühle, Glück und Glut,
alles ist gut, so wie es kommt.
Gib, dass es frommt.
In deinem Namen beginne ich.*
        Amen.

Von Masken- und Rollenspielen

Tata, tata, tata: Es ist wieder so weit. Die Jecken an Rhein und Main sind los. Jetzt wird geschunkelt, getanzt und gesungen, was das Zeug hält. Und richtig urig wird es, wenn in der Basler Fasnacht die Masken zum Morgenstreich ziehen.

Der Spaß am Verkleiden und am Maskenspiel ist nicht auf die tollen Tage und auf die Hochburgen des närrischen Treibens beschränkt. Das ist ein urmenschliches Vergnügen. Mit den Helden der Kindheit fängt es an, mit denen wir uns im Spiel identifizieren. Dann sind es die Laienspiele in der Schule. Ich erinnere mich an eine meiner ersten „tragenden" Rollen: Ich sollte eine Hexe spielen. Lieber wäre ich die Prinzessin gewesen, und ich war als Hexe nicht sehr überzeugend – bis zur Generalprobe! Da bekam ich ein Hexengewand und ein richtiges Hexengesicht angeschminkt, mit Warze auf der Nase und wild zerzausten Haaren. Ich kannte mich selbst nicht wieder und war plötzlich in der Rolle. Ich war die Hexe und krächzte wie ein altes Weib.

Seitdem habe ich viel übrig für das Spiel mit Masken und Verkleidungen. Held oder Prinzessin, Hexe oder Bösewicht, Clown oder Prinz – der Wunsch, sich in eine andere Person zu verwandeln, wenigstens eine Zeit lang, steckt tief in uns. Person, persona war ursprünglich die Bezeichnung für die Maske im antiken Theaterspiel, für das fremde Gesicht, durch das die eigene Stimme hindurchdringt. Person, das bin ich selbst – und es sind die Rollen, die ich übernehme und eine Zeit lang spiele.

Das gilt nicht nur für tolle Tage oder für das Theater. Das Rollenspielen – und damit auch der Rollenwechsel – gehört zum Leben. Sogar der Apostel Paulus hat die Rollen gewechselt. Er war ein fanatischer Verfolger der Christen, bis er vor den Toren der Stadt Damaskus von einer Begegnung mit der glanzvollen Wahrheit Jesu Christi so überwältigt wurde, dass er abrupt die Rolle wechselte und zum Botschafter Christi wurde. In dem berühmten Kapitel über die Liebe, in 1. Kor. 13, beschreibt er die Notwendigkeit solcher Rollenwechsel: „Als ich ein Kind war, da redete ich wie ein Kind, dachte wie ein Kind und war klug wie ein Kind; als ich aber erwachsen wurde, tat ich ab, was kindlich war."

Kinder probieren Rollen aus, spielen sich mit diesen Rollen ins Leben hinein – und wachsen eines Tages über sie hinaus. Mancher hat sich in seiner Jugend auch in extreme Rollen hineinbegeben; hat vielleicht auch Grenzen überschritten, die er heute nicht mehr überschreiten würde. Und notwendig ist es zum Bruch mit alten Rollen gekommen. „Als ich erwachsen wurde, tat ich ab, was kindlich war", sagt Paulus. Ich misstraue weniger denen, die alte Rollen abgelegt haben. Ich misstraue eher denen, die heute dieselben Rollen spielen wie vor 30 Jahren. Sie sind nicht gewachsen, nicht erwachsen geworden.

Am Ende des Kapitels über die Liebe schreibt Paulus einen seltsamen Satz: „Wir sehen jetzt durch einen Spiegel auf ein dunkles Bild, dann aber von Angesicht zu Angesicht." Ich verstehe ihn so: Wir sind noch unfertig, erkennen uns selber nur undeutlich. Die Wahrheit über uns steht noch aus. Sie liegt vor uns und nicht hinter uns. Am Ende werden wir ohne Masken und ohne Verkleidungen, von Angesicht zu Angesicht, mit Gott und mit uns selbst zu tun haben. Wie gut, dass dann die Liebe das letzte Wort hat und nicht nur die Wahrheit!

Sonntagsfinsternis?

„Gott ruhte am siebenten Tag von allen seinen Werken, die er gemacht hatte." So steht es in der Schöpfungsgeschichte. – Ich sehe die Konfirmanden noch vor mir. Sie standen an der Tafel und malten gemeinsam ein Bild zu diesem Vers. Sie tuschelten und lachten. Dann traten sie beiseite und zeigten, was sie gemalt hatten: Gott lag in einem Liegestuhl unter blauem Himmel und einer großen gelben Sonne. Direkt neben dem Liegestuhl waren ein Swimmingpool, ein Colaautomat und eine Tiefkühlbox mit Eis.

Sie hatten also an alles gedacht, was *ihnen* Spaß machen würde am siebenten Tag. Und das gönnten sie Gott auch. Eine versteckte Liebeserklärung. Natürlich wussten wir alle, dass das nicht ganz ernst gemeint war. Aber vielleicht hat das gemeinsame Gelächter über dieses Bild mehr vom Sinn dieses Ruhetages vermittelt als manche verbissene Diskussion.

Übrigens ist auf dem Bild auch klar: Shopping in irgendeinem Einkaufsparadies steht nicht auf der Hitliste der göttlichen Vergnügungen am Ruhetag. Im ursprünglichen Paradies war wohl noch nicht bekannt, dass Einkaufen mehr sein kann als die Beseitigung eines Mangels. Einkaufen als Freizeitangebot, als ultimatives Sonntagserlebnis, als Glücksbringer: das bringt's!

Niemand kann mir erzählen, dass es irgendeine sachliche Notwendigkeit gäbe, sonntags einzukaufen. Der Run ins Kaufhaus hat wohl eher mit dem Hunger nach „ich weiß nicht was" zu tun. Den kenne ich auch. Dann esse ich meist mehr, als gut ist. Oder ich trinke. Oder ich kaufe ein, freue mich – und merke: das alles ist es gar nicht. Ich verwechsle da meine inneren Organe. Es ist die Seele, die Hunger hat. Und die braucht Liebe, Gespräch, ein paar Streicheleinheiten, Auslüftung und Aufrichtung. Die will ihre Flügel ausbreiten und sich über den Alltag erheben.

„Gott ruhte aus von allen seinen Werken." Also darf und soll der Mensch auch ruhen. Er ist kein Sklave in der Tretmühle des Alltags und der Arbeit. Aber das ist noch nicht alles. „Gott sah alles an, was er geschaffen hatte, und siehe, es war sehr gut." Der Sonntag hat ein Gütesiegel, da steht drauf: „Du darfst Abstand gewinnen von deinem Tun. Du darfst zufrieden sein, auch wenn bei dir nicht alles sehr gut und die Arbeit nicht fertig ist. Lieber unfertige Arbeit als ein fertiger, kaputter Mensch." – Nehmen Sie das Wort Gütesiegel ruhig wörtlich! Sie haben einen Tag geschenkt bekommen, der Sie daran erinnern will, dass es viel Gutes, viel Güte in Ihrem Leben gibt, die Sie sich nicht zu kaufen brauchen.

Und das Größte: „Gott segnete den siebenten Tag." Von keinem anderen Tag wird das gesagt. Auf dem Ruhetag liegt Segen. Der will ausgewickelt werden wie ein Geburtstagsgeschenk. Für den gestressten Vater steckt der Segen vielleicht im ausgiebigen Frühstück mit der Familie. Für einen anderen im Gang nach draußen. Oder im Hören von Musik. Irgendetwas, das einem den Staub von der Seele pustet.

Ich persönlich brauche den Gottesdienst: die Hinwendung zu Gott, von dem ich so viel Zuwendung erfahre. Und ich brauche auch diese Stille am Sonntagmorgen ohne den üblichen Lärm der Autos. In der Stille steckt ein Hauch vom Schöpfungsmorgen. Eine Erinnerung an den Anfang, als alles sehr gut war. Und ein Tag, der so beginnt, soll im Kaufhaus enden oder in einer Autoschlange? Oder mit kaputten Füßen und schmerzendem Rücken wie jeder andere Tag auch? Mir ist unser Sonntag zu schade dafür: der Tag der Ruhe, der Tag mit dem Gütesiegel, der Tag, auf dem Segen liegt.

Bußtag ade?

Der Buß- und Bettag ist in Gefahr. Als gesetzlicher Feiertag hat er seine Abschiedsvorstellung gegeben. Er soll wegfallen, damit die Pflegeversicherung finanziert werden kann. Zur Begründung heißt es, die Kirchen seien am Bußtag ohnehin ziemlich leer, und wer Buße tun wolle, könne das auch ohne gesetzlichen Feiertag.

Mich erinnert die geplante Abschaffung des gemeinsamen Feiertages an das Märchen vom gestohlenen Mond. Vor Zeiten gab es ein Land, in dem die Nacht schwarz war, weil dort niemals der Mond aufging. Vier Burschen aus diesem Land gingen auf Wanderschaft und gelangten in eine Gegend, wo abends auf einer Eiche eine leuchtende Kugel stand, die ein sanftes Licht ausgoss. „Was habt ihr da für ein Licht?", fragten sie die Leute. „Das ist der Mond. Unser Schultheiß hat ihn gekauft und dort oben befestigt. Täglich gießt er Öl nach." „Den können wir auch gebrauchen", sagten die Burschen untereinander. In der folgenden Nacht stahlen sie den Mond und fuhren eilig zurück in ihr Land. Dort war der Jubel über das nächtliche Licht groß. Jahrelang versorgten die vier den Mond mit Öl und wurden darüber alt. Als es für den Ersten ans Sterben ging, ordnete er an, dass man ihm seinen Teil des Mondes ins Grab lege. Der Schultheiß schnitt ein Viertel des Mondes heraus, und man tat es dem Toten ins Grab. Es war nur unmerklich dunkler geworden im Land. Aber dann starben nacheinander die anderen drei, und jedem musste sein Stück Mond ins Grab gegeben werden. Am Ende war die alte Finsternis wieder da, und die Leute stießen mit den Köpfen zusammen.

So kann es gehen, wenn man den Mond privatisieren will. So kann es auch gehen, wenn man die Feiertage scheibchenweise beerdigt. Ein Volk ohne das gemeinsame Erinnern, ohne das gemeinsame Begehen von Fest- und Feiertagen beraubt sich selbst. Die Leuchtkraft dessen, was uns verbindet, lässt nach. Unmerklich erst. Was macht das schon, wenn ein Feiertag wegfällt? Aber es wird nicht bei einem bleiben. Und am Ende, wenn auch die Sonntage für immer mehr Menschen Arbeitstage geworden sind, ist das, was uns verbindet und was wir als verbindlich anerkennen, kraftlos. Ganz schön finster.

Pflegeversicherung muss sein. Aber wir brauchen auch und gerade den Bußtag. Dessen Sinn ist doch, daß eine Gemeinschaft an ihre Verantwortung vor Gott erinnert wird. Es muss öffentliche Zeiten und Orte geben, wo der innere Zustand eines Gemeinwesens bedacht, wo das Gewissen geschärft, wo Schuld bekannt wird und wir von falschen Wegen umkehren. Die Kirche wird den Bußtag auch dann begehen, wenn er nicht als gesetzlicher Feiertag im Kalender steht. Wir können auch abends Gottesdienst feiern, wie wir es in manchen Bundesländern am Reformationstag tun. Aber unser Land, unser Gemeinwesen, unsere Kultur braucht den Bußtag.

Das Märchen vom gestohlenen Mond endet übrigens so: Im Totenreich wurden die Toten vom Licht des Mondes wach und fingen an zu lärmen. Das hörte Petrus am Himmelstor. Er stieg hinab in die Unterwelt, nahm den Mond mit sich und hängte ihn so hoch am Himmel auf, dass niemand ihn mehr stehlen und privatisieren konnte. – Nicht begraben, höher hängen sollten wir sie in der Tat, unsere Feiertage!

Von Scholle zu Scholle

Jiři Izrael wurde im Jahre 1500 in Mähren geboren, nahm den evangelischen Glauben der Böhmischen Brüder an und wurde Priester und Missionar. Als die Böhmischen Brüder wegen ihres Glaubens verfolgt wurden, flohen viele von ihnen nach Polen. Auch Jiři Izrael. Es war das Jahr 1551. Der Winter war streng, und noch kurz vor Ostern lag tiefer Schnee, und die Flüsse waren zugefroren. Bei der Stadt Torun trafen Jiři Izrael und seine Glaubensbrüder auf die Weichsel. Um ihren Verfolgern zu entkommen, entschlossen sie sich, den breiten Strom zu überqueren.

In der Nacht aber hatte Tauwetter eingesetzt. Als Jiři Izrael und seine kleine Gemeinde mitten auf dem Fluß waren, da begann vor seinen Füßen plötzlich das Eis zu brechen. Und Jiři Izrael, so wird erzählt, sprang von Scholle zu Scholle und sang dabei einen Psalm:

Lobt im Himmel den Herrn, lobt ihn in der Höhe,
sang er und sprang dabei von Scholle zu Scholle

Lobt ihn, alle seine Engel, lobt ihn,
Sonne und Mond und leuchtende Sterne –
und sprang von Scholle zu Scholle

Lobt ihn, ihr Himmel aller Himmel, lobt ihn,
ihr Wasser über und unter dem Himmel –
und tanzte von Scholle zu Scholle

Lobt den Namen des Herrn, alle Dinge,
denn durch sein Wort seid ihr geschaffen
von Scholle zu Scholle

Lobt den Namen des Herrn,
denn seine Güte reicht, so weit der Himmel ist,
und seine Wahrheit für und für.

Und so gelangten Jiři Izrael und seine Freunde aus der Strömung des Flusses glücklich ans Ufer. Einen der Stillen im Getümmel der Welt hat jemand den Jiři Izrael genannt. Bei denen, die das Sagen hatten, hatte er nichts zu melden, das ist wohl wahr. Er war einer von den Kleinen und Schwachen.

Aber mit seinem Gesang über dem brüchigen Eis hat er sich selbst und seine Geschwister im Glauben gerettet. Mit seiner kleinen Kraft hat er sich an das Wort Gottes gehängt. Das Loben Gottes hat ihn leicht gemacht. Da trug ihn das tückische Eis, da fanden seine Füße die sichere Scholle und am Ende das rettende Ufer.

Fragst du, was das neue Jahr bringen wird? Gefährliche Strömung und brüchiges Eis, ganz sicher. Jedes Jahr, das du lebst, wird schwerer, als das letzte war. Nimm also nicht zuviel mit hinüber. Mach dich leicht. Häng dein Herz an den Himmel. Gott hat seinen Engeln befohlen, dich zu behüten.

Veni creator spiritus

Taizé, in der Woche nach Pfingsten. Eine Woche lang nehme ich mit einer Gemeindegruppe an den Gottesdiensten und dem Leben der Brüder von Taizé teil. Wir treffen uns mit anderen, lesen zusammen die Bibel, sprechen über unseren Glauben. Ich hatte gehofft, in Taizé eine Art geistlicher Oase vorzufinden, aus der ich das eigene durstige Land wieder neu bewässern könnte.

Als die anderen in meiner Gruppe erfahren, dass ich Pastorin bin, sind wir schnell in einer Debatte über *die* Kirche. Sie gipfelt in dem Satz eines Teilnehmers: „Kirche ist meist einfach abstoßend!" Ich winde mich zwischen Klarstellung, Verteidigung und Verständnis für manche Kritik. Aber am Ende möchte ich sie alle anschreien: „Ich bin doch nicht der Mülleimer für euren Kirchenfrust!" Aber ich schlucke – und begrabe meine Hoffnung auf die geistliche Oase Taizé ...

Abendgebet in der Kirche. Dicht gedrängt sitzen wir auf dem Fußboden. Das Glasfenster im Westen glüht im Licht der Abendsonne und taucht den Raum in die Farben des Regenbogens. Wie ein Trompetensignal durchbricht das „Alleluja!" des Vorsängers die Stille.

Im Nu ist der Raum bis unters Dach erfüllt von vielstimmigem Klang: „Veni creator spiritus – Komm Schöpfer Geist". Das ist kaum mehr Gesang, das ist Seufzen und Stöhnen aus der Tiefe, dringlich wie das inständige Bitten eines Kindes: „Komm doch endlich!"

Seltsame Empfindung: Hier sind nicht mehr fast zweitausend Einzelne versammelt. Wie *ein* Leib atmet es ein und aus. Hier seufzt und fleht die unerlöste Kreatur Kirche als *ein* Leib, mit *einer* Stimme: „Veni creator spiritus".

Hat er unsere Bitte erhört und erfüllt? In mir sind plötzlich Ruhe, Frieden und – ich scheue mich fast, es zu sagen – zärtliche Liebe zu dieser Kirche. In meiner Gruppe geht es anders als erwartet weiter: Menschen öffnen sich und wagen, ihren Durst nach Glauben auszusprechen.

Gottes Geist weht. Wir sollten ihm zutrauen, dass er kommt, wenn wir ihn bitten. Wir sollten dringlicher und liebevoller für diese Kirche bitten.

Im Heute leben

Vom Orden der Brüder von Taizé im Herzen Burgunds heißt es, er besitze kein Archiv. Nun, der Orden besteht erst 50 Jahre. Das ist keine lange Zeit, um Dokumente der eigenen Geschichte zu sammeln. Aber der Grund für die bewusste Vergesslichkeit der Brüder ist ein anderer. Sie sagen: „Wir leben im Heute, im Heute Gottes. Gemessen daran ist unsere Geschichte unwichtig."

Und so leben sie, statt Vergangenheit zu pflegen, gleichsam mit weit geöffneten Türen. Sie laden junge Menschen aus aller Welt ein. Und die kommen, denn hier begegnen sie einer Kirche, die lebendig und veränderbar ist, weil ihr das Heute kostbarer als das Gestern ist.

Eine alte Weisheit haben die Brüder von Taizé für sich neu entdeckt. Im 17. Jahrhundert hat Andreas Gryphius sie in ein Gedicht gefaßt:

> *Mein sind die Jahre nicht,*
> *die mir die Zeit genommen;*
> *Mein sind die Jahre nicht,*
> *die etwa möchten kommen;*
> *Der Augenblick ist mein,*

und nehm ich den in Acht,
So ist der mein,
der Zeit und Ewigkeit gemacht.

An der Schwelle zwischen altem und neuem Jahr, wenn alle Welt Bilanz zieht, Inventur macht und sich in Prognosen ergeht, ist das, scheint mir, eine gute Nachricht: aus der Hand zu legen, was war; Gott zu überlassen, was kommt.

Das Heute, der Augenblick, der Streifen Land auf dem Acker meines Lebens ist der Ort, wo Gottes Himmel meine Erde berührt. Sollte darauf nicht ein gesegnetes Jahr wachsen?

Der Engel von Bülzig

Zeit zu lieben

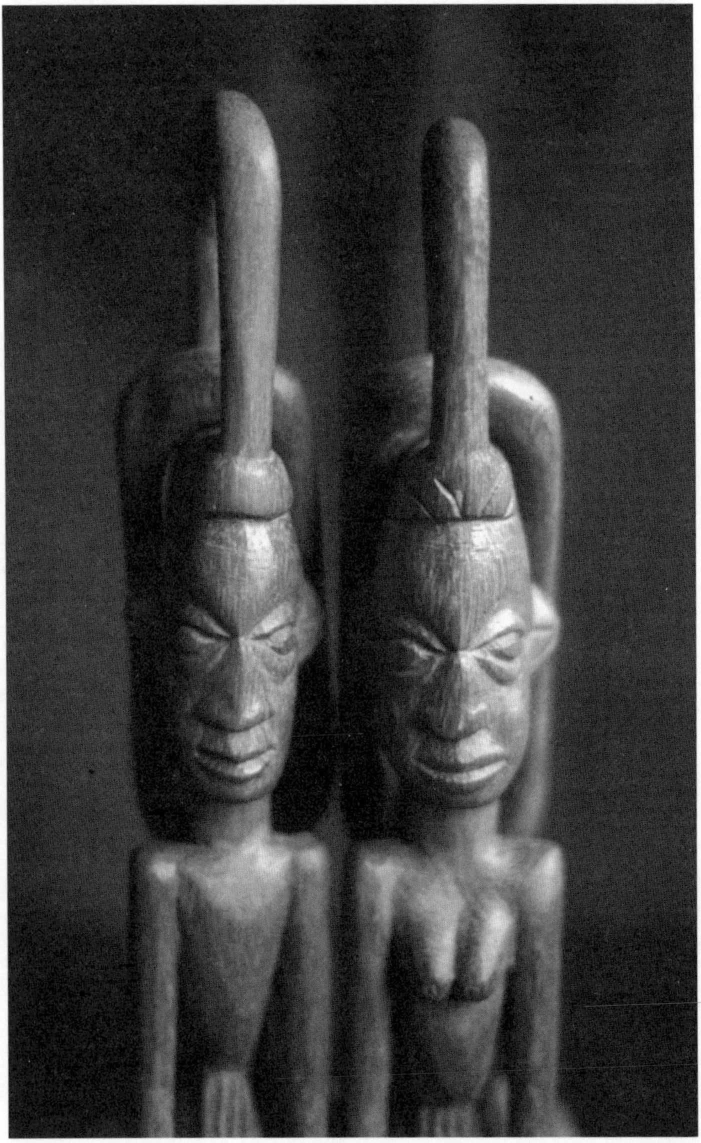

Wonnemonat

Der Mai steht vor der Tür, der „Wonnemonat"! Wie schön sind die blühenden Bäume, der Gesang der Vögel, der frische Duft der Erde nach einem Regen! Aber da sind auch noch andere Wonnen. „Frühlingsgefühle" sagen wir salopp, aber es steckt ja mehr dahinter. Das erste „Ich liebe dich", der erste Kuss: Das vergessen wir unser Leben lang nicht! Und nicht selten führt das ja auch zum Traualtar.

Auf dem Bild sind zwei Figuren zu sehen. Ich habe sie in einem Dritte-Welt-Laden entdeckt. Sie stammen aus Kamerun. Ein Mann und eine Frau. Beide sind nackt bis auf einen Lendenschurz. Der des Mannes ist ein bisschen länger, dafür hat die Frau schöne Brüste und einen runderen Bauch.

Merkwürdig ist der Aufsatz auf den Köpfen der beiden. Da steckt etwas dahinter: eine Kette. Sie verbindet die beiden miteinander. Oder sollte ich besser sagen: Sie kettet sie aneinander? Das schmeckt nach Galeerenstrafe! Ist hier eine Beziehung – vielleicht sogar eine Ehe – gemeint, die man nur als Sklaverei bezeichnen kann? Oder ist es die Kette der Liebe, der Leidenschaft, so wie sie in der Bibel, im Hohenlied, besungen wird, der schönsten Liebesdichtung, die ich kenne: „Lege mich wie ein Siegel auf dein Herz, wie ein Siegel auf deinen Arm. Denn Liebe ist stark wie der Tod und Leidenschaft unwiderstehlich wie das Totenreich. Ihre Glut ist feurig und eine Flamme des Herrn." Wenn ich die Gesichter der beiden anschaue, scheint mir, dass sie lächeln, hintergründig. Und sie tragen ihre Kette nicht mit gekrümmtem Rücken, als wäre sie eine schwere Last.

Zur Last wird das Ganze erst, wenn sie sich zu weit auseinander bewegen. Dann zieht das Gewicht der Kette sie zu Boden. Aber auch, wenn sie zu dicht zusammenstehen, wird die Kette zum Hindernis. Sie haben keine Bewegungsfreiheit mehr. Und es geht auch nicht, dass einer den andern „an die Kette" legt und meint, er selbst könne frei sein. Sie sind dann beide unfrei. Nein, die Kette will nicht fesseln, sondern verbinden. Und so können beide durchaus in verschiedene Richtungen schauen und eigene Erfahrungen machen. Solange sich Nähe und Distanz die Waage halten, ist der Zusammenhalt nicht gefährdet. Einander nah sein und doch den andern nicht vereinnahmen: Das ist die Kunst, in jeder Beziehung! Die Figuren und die Kette sind übrigens aus einem Stück, aus einem Holz geschnitzt. Nirgendwo eine Fuge, nirgendwo eine Nahtstelle. Die Kette ist also keine Fremdbestimmung, kein lastendes Joch, den beiden von der Gesellschaft auferlegt. In ihrer Verschiedenheit sind sie eins, und ihre Liebe ist ihre ureigene Sache. Mich erinnert das an die Schöpfungsgeschichte, wie Adam beim Anblick Evas jubelte: „Das ist endlich Bein von meinem Bein."

Wer liebt, erkennt den Anderen und im Anderen sich selbst. Wer liebt, dem geht die Welt immer wieder neu auf. Wenn wir lieben, dann ist die Flamme Gottes in uns lebendig. Einen wonnevollen Monat Mai wünsche ich allen Liebenden.

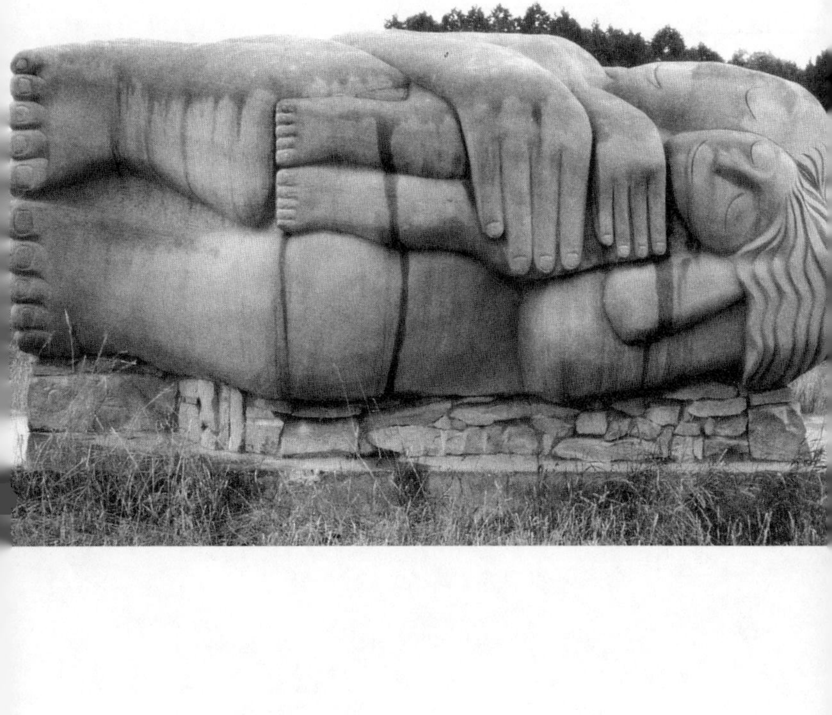

Der Engel von Bülzig

Wer kennt schon Bülzig! Bülzig ist ein Dorf bei Wittenberg. Ich kannte es nicht. Aber dann sah ich ein Foto, das mich packte. Ich wollte das, was auf dem Foto war, mit eigenen Augen sehen, es anfassen, drum herumgehen. So bin ich nach Bülzig gefahren. Auf einer Wiese zwischen Waldrand und Dorf stehe ich plötzlich vor dieser Steinskulptur.

Zwei Figuren sind es, aneinandergeschmiegt. Eine große Gestalt mit mächtigen Händen und Füßen umfasst eine kleinere. Wie eine Decke ist die große Hand über die kleine Gestalt gebreitet. Ist das ein Kind in den Armen eines Erwachsenen? Nein, das ist kein Kindergesicht. Eher das einer Frau. Sie hat den linken Arm unter den Kopf geschoben, ihr langes Haar fließt herab. Beide haben die Augen geschlossen. Vielleicht schlafen sie. Oder sie horchen nach innen. Je länger ich sie anschaue, desto mehr wünsche ich mir, auch so dazuliegen: gehalten von dieser großen Hand, in Schutz genommen.

Auf der Rückseite der Figur entdecke ich eine Inschrift. Einen Satz aus der Bibel: „Er sprach: ‚Wo kommst du her und wo willst du hin?'" Eine junge Frau wird so gefragt. Sie ist in eine schwierige Lage geraten. Sie ist schwanger von einem verheirateten Mann: Abraham. Dessen Frau Sara ist selber kinderlos und hat ihm ihre junge Sklavin zur Frau gegeben, damit er einen Sohn bekommt. Es hat geklappt, aber jetzt ist sie eifersüchtig auf ihre schwangere Sklavin und demütigt sie, wo sie kann. Niemand nimmt die junge Frau in Schutz. Da rennt sie weg, geradewegs in die Wüste.

Ziellos irrt sie umher. Plötzlich wird sie angesprochen: „Hagar, wo kommst du her und wo willst du hin?" Da merkt sie: Es gibt doch jemanden, dem ich nicht egal bin. Jemand kennt meinen Namen. Jemand interessiert sich für meine Geschichte. Hagar fühlt sich in den Arm und in Schutz genommen wie ein Kind. Und behutsam bringt der Engel sie auf ihren Weg und segnet das Kind, das sie erwartet, mit einem starken Segen.

Ja, der Engel. In der biblischen Geschichte steht, ein Engel habe Hagar angeredet und nach ihrem Woher und Wohin gefragt. Der Engel in Bülzig ist anders, als wir uns Engel vorstellen. Er fliegt nicht, er liegt. Er ist rund und gemütlich. Ein ziemlich irdischer Engel. Aber gerade so zeigt sich, was ein Engel ist: einer, der mich in Schutz nimmt.

Meistens brauchen wir das ja nicht, wir gestandenen Frauen und Männer, fit und kompetent, wie wir sind. Aber manchmal sitzt hinter der Fassade von Stärke ein verlassenes Menschenkind. Das wäre gern im Schutz eines Starken und möchte, dass einer fragt: Woher kommst du? Erzähl mir von dir. Ich werde dich nicht unterbrechen, nicht beurteilen, nicht belehren. Wohin willst du? Vielleicht hilft dir mein Fragen, dein Leben zu klären und deinen Weg zu finden.

Die junge Frau, Hagar, hat dem Ort, an dem der Engel sie anredete, einen Namen gegeben: *Ort des Lebendigen, der mich sieht.* Ein wunderbarer Name für Gott ist das: Der Lebendige sieht mich. Da steckt alles drin, was man zum Leben braucht.

„Friedhofsgemüse"

Vor einigen Tagen besuchte ich im Krankenhaus eine fast 88-jährige alte Dame. Sie hatte gerade eine Operation gut überstanden und war schon wieder voller Energie, beinahe lebenslustig. Wir redeten über dies und jenes und lachten viel.

Plötzlich aber wurde sie ernst. „Wissen Sie, was mir neulich passiert ist?", sagte sie. „Ich ging mit meiner Freundin spazieren. Es war schon dämmerig, und wir hatten uns untergehakt, um nicht hinzufallen. Drei Männer kamen uns entgegen. Zwei gingen rechts an uns vorbei, einer links. Als sie direkt neben uns waren, sagte einer von ihnen laut: ‚Friedhofsgemüse!' – Was sagen Sie dazu?"

Die alte Dame war immer noch fassungslos. Sie kam nicht darüber hinweg, dass jemand so verächtlich von ihr sprach. Alt, also: unbrauchbar und wertlos. Die kann weg. Friedhofsgemüse.

Wer so denkt, der hat offenbar nur die auf der Rechnung, die Vorteile bringen. Alle anderen werden als störend empfunden und ausgegrenzt: Die lauten Kinder, die Hässlichen, die Kranken, die Behinderten.

Und dann noch die, die über unsere Grenzen kommen: Asylanten, Aussiedler, und auch da besonders die Alten.

Was ist das bloß für eine Welt, die sich mancher in seinem Kopf zurechtmacht! Ich finde, wir machen uns selbst arm, wenn wir Menschen, die anders sind als wir, einfach ausblenden oder uns darüber aufregen, dass sie da sind.

Ich sehe die alte Dame an, sehe die Faltenlandschaft in ihrem Gesicht. Jede dieser Falten steht für Höhen und für tiefe Täler in ihrem Leben. Sie hat Opfer gebracht und manches entbehrt. Sie hat aber auch Glück erlebt, Freude und Erfüllung. Ihr ganzes Leben und, wie ich finde, auch ihr Glaube und ihre Hoffnung sind in ihr Gesicht hineingezeichnet. Das strahlt auf mich zurück: ein strahlendes Lachen, das mich ansteckt. Wenn ich dieses Gesicht ansehe, dann sehe ich dem Leben selbst ins Gesicht, wie es ist: Lachen und Weinen, Stärke und Schwachheit, Trauer und Trost gehören da hinein. Ein Leben, das reich ist und reich macht.

Ein solches Leben und eine Welt, in der wir zusammengehören, hat der Prophet Sacharja in einem Bild gesehen. Ich habe es aus der Bibel: Eine Stadt mit großen, offenen Plätzen. Auf denen sitzen alte Männer und Frauen, alle mit einem Stock in der Hand, weil sie so alt sind. Zwischen ihnen spielen Kinder. Sie kommen und fragen die Alten, und die spielen mit ihnen. Keiner ist ausgegrenzt. Wie im Paradies. Das ist ein Bild vom Leben, wie Gott es sich für uns vorstellt.

Und wer weiß: Vielleicht ist Gott selbst ein bisschen wie die runzlige alte Frau, voller Liebe zum Leben. Und zu uns.

Rückhalt haben

Neulich habe ich eine Szene erlebt, die mir immer noch vor Augen steht. Vor einem Wohnheim für allein stehende Männer standen sich zwei gegenüber, der eine zitternd vor Wut, in der Hand eine halb volle Bierflasche. Der Kleinere, Wendigere hatte den größeren, etwas schwerfälligen Mann mit Sticheleien bis aufs Blut gereizt. Der konnte sich nicht anders helfen: Er musste zuschlagen.

Gerade holte er aus, da wurde er von hinten festgehalten. Zwei Arme umschlangen ihn. Eine Stimme redete auf ihn ein: „Herr Klausen, was ist denn, was haben Sie denn! Beruhigen Sie sich doch! Sie wollen doch nicht schlagen." Während der Dazugekommene so auf den Mann einredete, streichelte er ihm den Rücken, immer wieder. Und tatsächlich beruhigte der Mann sich.

Das Streicheln des Rückens gab dem aufgebrachten Mann Wärme und Sicherheit. Es gab ihm Rück-Halt. Ich glaube, es waren nicht die Worte allein, die ihn besänftigten. Wenn wir sehr wütend oder sehr traurig sind, dann erreichen Worte uns oft gar nicht. Nein, es war das Körperliche. Der Mann wurde in den Arm genommen. Er spürte: Einer steht hinter mir, der mag mich. Der kennt meine Schwächen, aber er nutzt sie nicht aus. Eben war ich meiner Wut ausgeliefert. Aber jetzt kann es wieder gut werden. Die beiden Streithähne gingen mit dem Dritten zusammen ins Haus. Das war übrigens der Diakon.

Rückhalt – den brauchen wir. Jeder Mensch braucht einen, der ihn spüren lässt: Ich stehe voll hinter dir. In der Bibel gibt es Geschichten, die erzählen, wie ein Mensch einem anderen einen besonderen Dienst tut – im Auftrag Gottes. Solche Menschen werden Engel genannt, Boten Gottes. Ein Engel muss nicht alles gut finden, was wir tun. Im Gegenteil: Es ist wichtiger, dass er – oder sie – uns die Wahrheit sagt, uns vielleicht auch mal von einer Dummheit abhält. Rückhalt ist nur da, wo Liebe und Wahrheit zusammengehen.

Der Diakon ist für den wütenden Mann in dieser Szene ein Engel gewesen. Er hat einem anderen Menschen nahe gebracht, was Gott sagt: „Fürchte dich nicht, ich bin bei dir. Ich helfe dir auch. Ich halte dich mit meiner rechten Hand." Ich finde, das klingt, als streichele Gott selbst einem den Rücken. Und er bringt Menschen dazu, es bei anderen zu tun. Vielleicht sagt sich mancher: Na ja, wenn einer von Beruf Diakon ist, dann kann man so was auch von ihm erwarten. Ich glaube, jeder kann für einen anderen Menschen zum Engel werden. Manchmal sind Sie es selbst schon gewesen, ohne es zu ahnen.

Wieviel besser noch könnten wir solche Engel sein, wenn wir uns öffnen für die Erfahrung: Gott ist nicht weit weg und unerreichbar. Er ist ganz nah. Hautnah. Herznah. Durch ihn haben wir Rückhalt.

Mit dem Kran ins Rathaus

Er heißt Jürgen und lebt in Hannover. Ich schätze, er ist zwischen 50 und 60 Jahre. In seinen Augen blitzen Humor und Freude am Leben. Jürgen macht Morgenandachten für einen norddeutschen Sender. Er macht warmherzige und geistesgegenwärtige Andachten. Nur eins kann er nicht: Er kann seine Andachten nicht selber sprechen. Jürgen hat eine spastische Lähmung. Jeder Satz, den er sagen möchte, kostet ihn unendliche Mühe. Wenn er isst, dann muss er zwangsläufig schmatzen, weil die gelähmte Zunge sonst das Essen nicht im Mund behalten kann.

Vielleicht hat Jürgen es früher schweigend hingenommen, wenn Gastwirte ihn deswegen nicht in ihrem Lokal essen lassen wollten; wenn andere, die „natürlich nichts gegen Behinderte haben", seine Lebensäußerungen nicht ertragen konnten. Heute nimmt er das nicht mehr hin. Heute geht er auf die Barrikaden. Genau so wie die vielen anderen Menschen mit Behinderungen, die sich kürzlich in einer bundesweiten Protestaktion laut, stark und mit Witz zu Wort gemeldet und unserer Gesellschaft einen ordentlichen Anpfiff verpasst haben. Da wurden etwa bei einer Pressekonferenz den Journalisten die Presseinformationen in Blindenschrift überreicht. „So geht es Blinden mit gewöhnlichen Pressemeldungen", hieß es dazu. Und ein Berliner Rollstuhlfahrer ließ sich mit einem Kran vor das Fenster des Rathauses heben, um an einer Bürgersprechstunde teilnehmen zu können. Anders konnte er nicht kommen, weil das Rathaus keine behindertengerechten Zugänge besitzt.

Es ist höchst anständig, dass diese Menschen die Mühe auf sich nehmen, uns so genannte Normale und Gesunde zum besseren Gebrauch unserer Sinne und unseres Verstandes zu erziehen. Ein pädagogisches Gehalt müssten sie dafür bekommen! Denn sie haben es mit einer schwer erziehbaren, behinderten, dickfelligen Gesellschaft zu tun. Wir sind nicht imstande, öffentliche Einrichtungen, Straßen, Straßenbahnen und Haltestellen aus der Sicht eines Menschen mit körperlichen Behinderungen anzuschauen. Wer ist hier eigentlich taub und blind? Wir sind nicht imstande, die zahlreichen Erkenntnisse, die Hinweise und Forderungen in konkrete Maßnahmen umzusetzen. Wer ist hier eigentlich lernbehindert? Wir sind kaum imstande, Menschen mit Behinderungen beruflich einzugliedern und ihnen angemessene Arbeitsplätze zu geben. Wer ist hier eigentlich gelähmt? Das ist kein Geldproblem. An der Einstellung hängt es. Wer meint, Behinderte gehörten sowieso ins Heim und hätten keinen Anspruch auf ein aktives Leben, das ihren Möglichkeiten entspricht: Warum soll der sich Gedanken machen über behindertengerechte Einrichtungen und Arbeitsplätze? Diskriminierung fängt im Kopf und im Herzen an, nicht beim Geldbeutel.

Niemand behauptet, die Aufgabe sei leicht. Darum ist allen zu danken – auch denen in den Rathäusern und Amtsstuben –, die ihre Kreativität einsetzen, um das Leben für Menschen mit Behinderungen erträglicher zu machen. Aber das reicht noch nicht. Darum ist es gut, dass es Tage gibt, an denen wir mit unseren eigenen Behinderungen und Verhaltensstörungen im Umgang mit Behinderten konfrontiert werden. Damit Menschen wie Jürgen nicht mehr sagen müssen: „Mit der körperlichen Behinderung kann ich fertig werden. Das Problem ist die soziale Behinderung."

Es ist höchste Zeit, die Goldene Regel Jesu aus dem Matthäusevangelium in die Tat umzusetzen: „Alles, was ihr wollt, das euch die Leute tun sollen, das tut ihr ihnen auch." Zu deutsch: Stell dir vor, du wärst behindert. Wie würdest du leben wollen?

Glück

Glück? – Ich versuche, mich zu erinnern:
> Ein Brief kam an. Ein Liebesbrief, den ich ersehnt hatte, voller Zärtlichkeit und Verheißung.

Oder:
> Ein Gang durch abendliche Felder im Sommer, die Luft würzig vom Duft des reifen Korns.

Oder:
> Eine Mittagsstunde unter südlicher Sonne. Katzen dösten an einem Brunnen.

Oder:
> Nach langer Krankheit wieder in der Kirche am Gottesdienst teilnehmen zu können.

Glück, das sind Momente, zu denen ich sagen kann: Das ist das Leben. Augenblicke, in denen das Pendel zwischen Wunsch und Pflicht, zwischen Sehnsucht und Erinnerung stillzustehen scheint. Augenblicke, in denen ich mit mir selbst, meinem Leben und der Welt einverstanden bin.

Vielleicht erlebt ein Chirurg solche Augenblicke bei einer Operation, die ihm glückt; eine Frau, wenn sie ein Kind geboren hat; ein Lokführer, wenn er einen Zug durch die Nacht fährt.

Glück heißt: Ja sagen können zu seinem Leben. Gewiss sein: Gott ist mit mir einverstanden. – Kann sein, dass im nächsten Augenblick alles wieder aus den Fugen und zwischen die Mahlsteine von Wollen und Sollen gerät. Und doch sind es diese Glücksmomente, die das Leben tragen und erträglich machen. In ihnen sehen wir auf den Grund. Da schimmert etwas durch. Da streift uns die Schwinge eines Engels. Nicht viel, aufs Ganze gesehen. Aber seltsamerweise genug.

Steh auf und geh

Von inwendigen und anderen Wundern

Steh auf und geh!

Manche Meldungen sind es wert, dass man sie nicht so schnell vergisst. Diese stammt aus den Tagesthemen:

Es sind nur ein paar kleine Schritte, doch für Marc Merger ist es der Sprung in ein neues Leben. Seit einem schweren Autounfall vor neun Jahren saß er im Rollstuhl. Nun gibt es Hoffnung. Er verdankt sie Professor Pierre Rabischong, Neuroanatom in Montpellier. Unter seiner Leitung wurde Merger ein ein Quadratzentimeter großer IBM-Chip unter die Bauchhaut implantiert. Der sendet Signale zu Elektroden an den Beinen. Das Kommando: „Steh auf und geh."

Unglaublich! Ein Chip verändert das Leben eines Menschen! Wovon Querschnittsgelähmte träumen – er kann es! Was für ein Weg war das! Die Ärzte haben geforscht und probiert, haben Misserfolge hinnehmen müssen –, und sagen auch jetzt: Nicht jedem Gelähmten kann so geholfen werden. Was hat Marc Merger alles auf sich genommen um einer winzigen Hoffnung willen! Vom Himmel gefallen ist hier nichts – und doch ist es ein Wunder!

„Steh auf und geh!" heißt das Kommando.

Steh auf und geh! – Das ist eine Geschichte, die ich seit meiner Kindheit kenne und liebe: Jesus ist in Kapernaum am See Genezareth und predigt in einem Haus. Das ist voll bis unters Dach. Da kommen vier Männer mit einer Matte, auf der liegt ein Gelähmter. Sie wollen zu Jesus mit ihm, haben aber keine Chance bei dem Gedränge. Und was machen sie? Sie steigen ihm aufs Dach, mit dem Mann auf der Matte. Sie hacken ein Loch ins Dach und lassen den Gelähmten vorsichtig hinunter, genau vor die Füße Jesu. Der sieht den Gelähmten, sieht in dessen Augen dieses Fünkchen Hoffnung, den glimmenden Docht Vertrauen in einem Meer von Zweifel. Sieht dieses zusammengeschnürte Bündel Seele, das frei werden will. Jesus sagt: „Du bist frei. Steh auf, nimm dein Bett und geh."

Der Mann richtet sich auf und steht, genau so zittrig wie Marc Merger. Er setzt einen Fuß vor den andern, nimmt die Matte vom Boden und geht. „So etwas haben wir noch nie gesehen!", sagen die Leute.

Wir auch nicht. Ein Querschnittsgelähmter, der aufsteht: Das ist ein Wunder! Und auch das, was Menschen für ihn tun. Damals haben sie ein Loch ins Dach gehauen, heute forschen, probieren und erfinden sie. Aber da ist noch etwas, das kann keiner „machen":

dass einer genau *vor den Füßen Jesu* landet. Und dass dieses „Steh auf und geh" wirklich ankommt und das Fünkchen Hoffnung groß wird. Auch die beste Medizin bleibt angewiesen auf dieses inwendige Wunder, dass das zusammengekrümmte Bündel „Seele" freikommt und die Flügel ausbreitet.

Die Geschichte von Marc – und die aus der Bibel – tun sicher manchem weh. Warum sagt *mir* keiner: Steh auf und geh? Bei mir bleiben die Glieder gelähmt; oder der Krebs bleibt im Körper. – Das ist bitter. Aber das inwendige Wunder kann trotzdem geschehen: Dass ich mich jeden Tag neu erhebe und aufrecht stehe, weil ich mir dieses „Steh auf und geh" gesagt sein lasse. Dass ich jeden Morgen neu mein Bündel Leben mit Liebe in die Hand nehme. Dass ich mich jeden Abend in der Hand Gottes berge mit meinem glimmenden Docht Vertrauen. – Aber vielleicht muss man diesem Jesus auch hin und wieder aufs Dach steigen, damit er seine Wunder tut.

Kennen Sie Asphalt?

Kennen Sie Asphalt? Dumme Frage, werden Sie sagen, täglich gehe ich über Asphalt. Das ist der Belag, aus dem Straßen gemacht sind. „Asphalt" ist auch der Name einer Zeitung. Sie wird seit einem Jahr in Hannover von Wohnungslosen gemacht, zusammen mit Journalisten. Übrigens ein kirchliches Projekt. Ähnliches gibt es auch in anderen Städten.

„Asphalt" ist ein guter Name für diese Zeitung. Das, was wir mit unseren Füßen betreten und so gut wie nie mit der Hand berühren, ist der Lebensraum vieler Wohnungsloser: ihr Wohnzimmer, ihr Esszimmer, ihr Schlafzimmer. Der Asphalt ist die Endstation eines Lebens, das oft genauso normal angefangen hat wie das der meisten: Beruf, Familie, Freizeit. Aber dann kam ein Bruch: hohe Kredite, Schulden, Verlust der Arbeit, Scheidung, vielleicht noch Alkoholprobleme. Es ist erschreckend, wie schnell einer abstürzen kann, wenn ein paar unglückselige Umstände zusammenkommen.

So einer sitzt dann auf dem Asphalt und sieht die Welt von unten. Sieht nicht mehr als erstes die Gesichter von Menschen, sondern ihre Schuhe, Hosenbeine,

Einkaufstaschen. Er hört sich täglich Sprüche und Beschimpfungen an: „Vielleicht versuchst du's mal mit Arbeit. – Penner! – Unter Adolf hätte es das nicht gegeben!" Dabei wird bis heute vergessen oder verdrängt, dass auch Wohnungslose in die KZ's gekommen sind. Man wollte die „asozialen Elemente" zur Arbeit zwingen. Viele kamen um. Und was die „Penner" betrifft: Früher hat man Obdachlose unter Christen die Brüder von der Landstraße genannt. Das war doch wenigstens ein honoriger Titel!

Jetzt machen die Wohnungslosen in ihrer Zeitung den Mund auf. Sie erzählen von ihrem Schicksal. Sie betrauern tote Freunde. Sie schreiben über Bücher oder Filme oder über ihre Träume vom guten Leben. Sie klagen auch an. Sie stehen auf Asphalt, verkaufen ihre Zeitung und machen gute Erfahrungen mit Menschen. „Das Schönste ist, dass man den Leuten wieder ins Gesicht sehen und mit ihnen reden kann", sagen sie. Mancher ist zu einer kleinen Wohnung gekommen und fängt an, auf eigenen Füßen zu stehen.

Ich finde, das ist ein Wunder. Es erinnert mich an eine Geschichte aus der Bibel. In Jerusalem, an der Tür zum Tempel, die man die schöne Pforte nannte, saß ein Lahmer und bettelte. Petrus und Johannes kamen vorbei. Der Lahme bettelt sie an. Petrus bleibt stehen, schaut den Mann zu seinen Füßen an und sagt zu ihm: „Sieh uns an. Gold und Silber habe ich nicht. Was ich aber habe, gebe ich dir: Im Namen Jesu, steh auf!" Und der Mann stand auf und tanzte im Tempel! Das Ansehen ist lebenswichtig. Nicht mit den Augen eines Bürgers, den noch nie etwas erschüttert hat. Petrus schaut und redet den Bettler so an, dass der seinen Glauben wiederfindet, auch den an sich selbst.

Asphaltverkäufer arbeiten hart, damit in ihrem Leben das Wunder gelingen kann. Sie brauchen auch Menschen, die ihnen mit Herz, Augen und Händen helfen, wieder aufrecht zu gehen.

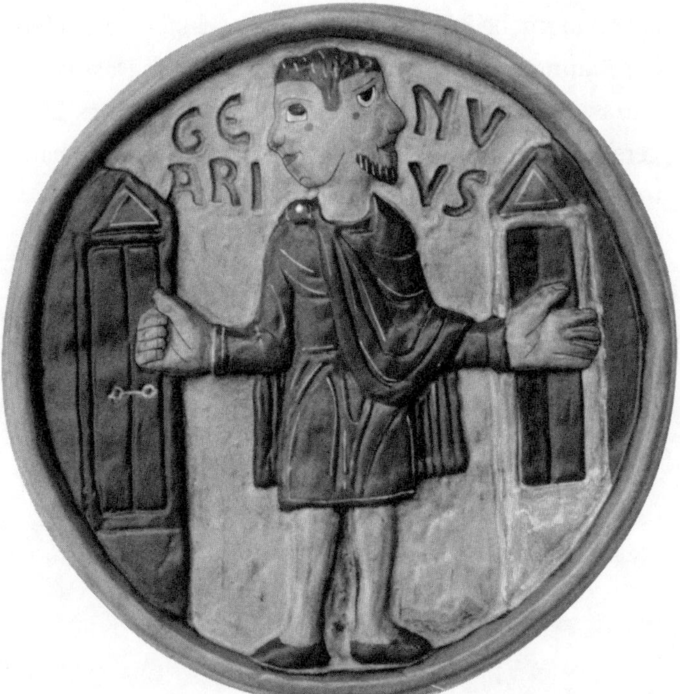
GE NV
ARI VS

Zwischen den Türen: Zum neuen Jahr

In der spanischen Stadt Leon steht eine romanische Halle, in der die Könige von Leon begraben liegen. Die Halle ist farbenprächtig ausgemalt. Eine ihrer Wandmalereien stellt in zwölf kleinen, runden Bildern den Jahreskreis dar. Das Bild für den Monat Januar hat mich besonders beeindruckt.

Ein Mann ist zu sehen. Die Schrift neben seinem Kopf lautet: Genuarius (Januar). Der Mann hat zwei Gesichter. Das eine schaut nach links. Es trägt einen Bart. Der Blick ist der eines Wissenden, mit einem Anflug von Melancholie. Die Hand des Mannes greift nach einer Tür, die offen steht. Will er sie gerade schließen? Auf der rechten Seite des Bildes ist auch eine Tür. Sie ist verschlossen. Eine Hand klopft an: die Hand des Mannes. Aber auf dieser Seite ist sein Gesicht bartlos und jung. Um den Mund spielt ein Lächeln, und in seinem Blick sind Neugier und Wagemut und auch ein bisschen Angst. Was steckt hinter der Tür? Was kommt auf mich zu, wenn sie sich öffnet?

So ist das: Am Neujahrsabend stehen wir selbst noch ein bisschen zwischen den Türen. Sollen wir die Tür zum alten Jahr einfach zumachen und sagen: Das war's. Vergiss es? Das wäre schade. Es war ja ein Teil unserer Lebenszeit. Viele von uns haben hart gearbeitet in diesem Jahr, aber dieses Jahr hat auch an uns gearbeitet. In manchen Augenblicken hat es uns mit Glück gesättigt. Dann wieder hat es uns Wunden geschlagen. Es hat uns Menschen geschenkt und Menschen genommen. Wir haben dazugelernt. Wissender gehen wir aus dieser Tür und älter. Manches haben wir nicht geschafft, an manchem haben wir uns verkämpft. Vielleicht ist es das, was den bärtigen Mann melancholisch macht.

Aber das ist nur die eine Seite. Die andere stimmt auch: Wir gehen jung, fast wie Kinder, in das neue Jahr. Noch ist die Tür erst einen Spalt breit geöffnet, sie gibt noch keinen Blick frei. Aber hinter ihr wartet das Leben. Es steht uns offen. Wir können neu anfangen. Nicht, indem wir einen Haufen guter Vorsätze fassen. Was wir brauchen, sind Gelassenheit und Zuversicht, sonst werden uns die großen Sorgen, die wir haben, z. B. die um die Arbeitsplätze in unserem Land, schier erdrücken. Aber woher bekommt man Zuversicht?

Es gibt eine Episode in der Bibel: Mose hat kurz vor seinem Tod die Verantwortung für das Volk Israel an Josua übergeben. Josua steht nun am Jordan. Vor ihm liegt das unbekannte Land Kanaan. Es ist das gelobte, verheißene Land, aber er weiß nicht, wie er da hineinkommen soll mit seinen Leuten. Da redet Gott ihn an: „Sei getrost und unverzagt. Ich bin mit dir in allem, was du tust." Ich glaube, das gilt auch uns. Was auch immer hinter der Tür auf uns wartet: Das neue Jahr wird Gottes Zeit und Gottes Jahr sein.

Sternenhimmel

Fast die Hälfte der Deutschen glaubt an die Macht der Sterne. Astrologische Beratung kann man schon per Telefon oder Computer bekommen, und neulich entdeckte ich sogar ein Astrologiebuch für Kinder.

Vielleicht erwarten Sie von einer Pastorin, dass sie sagt: alles Aberglaube, Humbug, Geldschneiderei. Aber liegen die Dinge so einfach? Sicher, die Astrologie ist keine Wissenschaft im modernen Sinn. Wohl aber spiegelt sie uraltes Erfahrungswissen der Menschheit wider. Das hat übrigens auch in der Bibel seine Spuren hinterlassen. Die so genannten Heiligen Drei Könige waren Sterndeuter, Astrologen. Aus den Sternen hatten sie von der Geburt eines Königs im Land der Juden erfahren. Sie brachen auf und fanden ihn – im Krippenkind Jesus. Philosophen, Könige und sogar Päpste haben den Gang der Gestirne beachtet. Selbst ein Freund Martin Luthers, der Reformator Philipp Melanchthon, war nebenbei Astrologe.

Nun hat sich unser Weltbild in den letzten fünfhundert Jahren durch den Fortschritt der Physik und Astronomie gründlich gewandelt. Dem Sternenglauben hat das allerdings wenig anhaben können. Was also suchen Menschen in den Sternen, mal abgesehen von denen, für die das einfach Spielerei ist?

Offenbar suchen viele in dem, was da oben ist, ein bergendes Gehäuse und zugleich einen persönlichen Leitstern für ihren Weg hier unten. Mancher fürchtet sich vor der Zukunft und möchte sich durch Vorauswissen absichern. Aber gerade mit Prognosen sind seriöse Astrologen vorsichtig. Nicht was kommt, sagen sie, kann man erfahren. Wohl aber, wer ich selber bin; welche Begabungen und Gefährdungen in mir selber liegen und mein Leben bestimmen könnten. Sternbilder seien an den Himmel geworfene Bilder für unser eigenes Wesen und Astrologie eine Symbolsprache der Seele.

Wenn das so ist, wenn ein Astrologe einem Menschen hilft, im Sprechen über seine Sterne sich selbst anzunehmen und auch mit Widerständen im eigenen Leben zurechtzukommen, was sollte man dagegen haben?

Schlimm wird es für mich da, wo den Sternen reale Macht zugesprochen wird, wo Menschen sich durch Horoskope gängeln lassen und nur noch fragen: Wie werde ich reich, erfolgreich und glücklich? Astrologie kann süchtig machen, und gegen Sucht hilft nur eins: Sofort versuchen davon loszukommen und sich jemandem anzuvertrauen, der einem hilft, Freiheit zurückzugewinnen.

Philipp Melanchthon wollte eines Tages seinen Freund Luther davon abhalten, in ein Boot zu steigen und einen Fluss zu überqueren, weil an diesem Tag dessen Sterne ungünstig ständen. Luther rief ihm lachend zu: „Domini sumus", sprang in das Boot und fuhr über den Fluss. „Domini sumus" heißt übersetzt: Wir sind die Herren. Freie Leute. Kein Stern hat das Sagen über uns. „Domini sumus" heißt aber auch: Wir sind des Herrn. Wir gehören zu Gott. Er hat Macht auch über die Sterne.

Vielleicht schauen Sie gleich noch einmal aus dem Fenster und sehen – hoffentlich – einen schönen klaren Sternenhimmel. Ein unvergleichliches Wunderwerk Gottes! Er hat sie alle in der Hand. Und uns auch.

Österliche Augen-Blicke

Ostern ist gelaufen. Wie war es? Regen klatschte an die Scheiben, Winterpullover hatten Saison. In den kläglich besuchten Gottesdiensten fröstelten, weit voneinander entfernt, die Besucher vor sich hin. Das „Christ ist erstanden" klang dünn.

Doch mitten in diesem unösterlichen Ostern gab es Augenblicke, die ich nicht vergessen kann. Der jauchzende kleine Junge auf dem Arm des Vaters, der endlich mal Zeit für ihn hat. Die vom Kerzenschein erleuchteten Gesichter in der Osternacht. Der Mut des kleinen, dicken Mädchens, das, gerade getauft, ans Mikrofon geht und betet. Das schwierige, ausweglose Telefongespräch, das unerwartet tröstlich endet: „Du, Christus ist auferstanden." Schweigen. Dann: „Er ist wahrhaftig auferstanden." Das Strahlen des Fünfzehnjährigen, um dessen Krankenhausbett ich mit Jugendlichen stehe, Osterlieder singend. Der Blick des drei Monate alten Kindes, das bei der Taufe einen Moment lang aufwachte, als erwachte es wirklich zum neuen Leben bei den Worten: „Du bist ein Kind Gottes, heute und bis in Ewigkeit." Das stumme Entzücken des Vierjährigen, der sich im Kindergottesdienst Stücke des eben „geschlachteten" Schokoladenhasen mit beiden

Händen in den Mund schiebt. Auf dem Grund tiefer Trauer über einen Verlust plötzlich etwas wie Erleuchtung: Christus lebt. Er hilft mir, neu anzufangen.

Österliche Augen-Blicke, winzige Freudentropfen im Weltmeer der unösterlichen Irrsinnigkeiten, unter denen wir leiden. Der Widerspruch des Todes gegen das Leben tönt lauter als der Widerspruch des Lebens gegen den Tod. Wer nach Veränderung im Weltmaßstab sucht, wird entdecken, dass die Welt auch nach Ostern noch und wieder in den alten Kleidern steckt.

Aber in der Nahaufnahme kann einer sehen, dass das Leben einen leisen, aber längeren Atem hat als der Tod. Was Wunder: es ist ja der Atem Gottes. Wenn der Regen und die Autostaus vergessen sind, werde ich mich noch an die österlichen Augen-Blicke erinnern, die mich verzauberten, befreiten und Osterfreude in mir weckten. Und die kann ich gerade nach Ostern gut gebrauchen.

Autobahngebet

*Bewahre mich vor LKW-Kolonnen
und Aquaplaning,
vor Rasern
und notorischen Linksfahrern,
vor Radarfallen
und Baustellen,
vor Geisterfahrern,
Motorrad-Rowdies
und PS-Fetischisten.
Bewahre mich vor
Schleichern und Sonntagsfahrern,
vor den Blinden und Lahmen.*

*Herr,
bewahre mich vor mir selbst.*

Wolfgang Poeplau

Immer wenn ich im Auto sitze und mich einem Zebrastreifen nähere, sehe ich das Bild wieder vor mir: Eine breite Straße am Ortsausgang an einem nasskalten Wintermorgen. Links am Straßenrand stand ein Schulkind. Es hatte den Zebrastreifen betreten, sah mich kommen. Ich fuhr viel zu schnell. Ich hätte den Wagen nicht mehr zum Stehen gebracht. Das Kind lief zurück.

Minuten später vor mir ein Wagen. Eine rote Kelle winkte mich an den Rand. Ein Polizeibeamter kam auf mich zu, ein junger Mann. „Haben Sie das Kind gesehen?" – „Ja ..." – „Sie hätten nicht mehr bremsen können, wenn es weitergegangen wäre!" – „Ich war in Eile." – „Haben Sie Kinder?" – „Nein ..." – „Wissen Sie was? Ich habe eine Tochter. Sie ist sieben Jahre alt. Es hätte mein Kind sein können!" – Er war zornrot im Gesicht, schrie mich fast an. Mir war plötzlich zum Heulen. Ich kassierte mein Strafmandat und fuhr weiter. Ganz ruhig. Es war mir nicht mehr wichtig, dass ich zu spät kommen würde.

Das ist jetzt über zehn Jahre her. Aber dieses Erlebnis sitzt mir in den Knochen. Ich habe schon verstanden, Herr: Manchmal steckst du deine Engel sogar in Polizeiuniformen und lässt sie im Zorn glühen, damit sie es auch wirklich schaffen, uns vor uns selbst zu bewahren.

Übers Gebirge gehen

Warum ist die schwangere Maria bloß über das Gebirge gegangen? dachte sie, als sie aus dem Gottesdienst kam. In so einem Zustand macht man doch keine beschwerlichen Wanderungen! Es muss mit Elisabeth zu tun haben. Vielleicht hat Maria eine Schwester gebraucht, bei der sie sich ein bisschen verkriechen konnte.

Sie war vor ihrer Haustür angekommen und suchte nach dem Schlüssel. „Na? Findest du mal wieder den Schlüssel nicht in deinem Kramladen von Tasche?" würde Jochen jetzt fragen – wenn er noch da wäre. Am Anfang ihrer Ehe hatte er ihr dann einen Kuss auf die Nasenspitze gegeben und selbst die Tür aufgeschlossen. In letzter Zeit hatte er nur noch schweigend und mit verschränkten Armen zugesehen, wie sie in der Tasche wühlte. Aber auch das muss lange her sein, dachte sie. Wann haben wir das letzte Mal zusammen vor dieser Tür gestanden? Wir haben uns ja nur noch vorm Fernseher getroffen.

Sie schließt die Tür auf und stolpert fast über einige Schuhe im Flur. In der Küche steht unabgewaschenes Geschirr. Im Wohnzimmer liegen die Programmzeitschrift und die Fernbedienung neben dem angefangenen Strickzeug und der Chipstüte. Sie lässt ihren Blick über das Chaos wandern. Ob Jochen deswegen ausgezogen ist? Er war so ordentlich. – Wieso *war*? Du tust so, als ob er tot wäre! Dabei erfreut er sich bester Gesundheit und genießt die Freuden einer neuen Liebe! Tränen schießen ihr in die Augen, rinnen über Wangen und Kinn. Sie läuft durch das leere Haus, schluchzend, schreiend, weinend wie ein kleines Kind.

Als in den anderen Häusern die Lichter angehen, bleibt sie im Dunkeln sitzen. Am Abendhimmel zieht ein Flugzeug eine Kondensspur hinter sich her. Auf einmal ist der Anfang einer Melodie in ihr. „Übers Gebirg' Maria geht" hat der Chor heute morgen gesungen. Hoch und zart schwebte der Sopran über den tieferen Stimmen. „Als wäre es leicht, übers Gebirge zu gehen!" sagt sie laut und erschrickt ein bisschen vor der eigenen Stimme. „Und dann in dem Zustand!" „Meinst du Marias Zustand – oder deinen eigenen?" fragt etwas in ihr. „Beide!" sagt sie laut ins dunkle Zimmer hinein. „Ich muss auch übers Gebirge, Maria, ich auch. Vielleicht gibt es auf der anderen Seite auch eine Elisabeth für mich, und wir werden zusammen etwas zu lachen haben." Auf einmal hat sie Lust, das Haus aufzuräumen.

Das Geschenk

„Ich habe mich in Grund und Boden geschämt und mir geschworen: Das passiert nie wieder!" Die Endvierzigerin sagt es mit Nachdruck in die Frauenrunde hinein. Sie hat aus ihrem Leben erzählt: Nach dem frühen Tod des Mannes Depressionen. Dann der Entschluss, das Leben in die Hand zu nehmen. Aufstieg in eine leitende Position, nebenher Mitarbeit in zahlreichen Gremien. Kein Wunder, sie ist eine Frau mit Courage und Durchblick. Und da sind noch die Kinder: vierzehn, siebzehn und neunzehn Jahre alt. Sie gehen ihre eigenen Wege, brauchen die Mutter kaum noch. Dachte sie. Und dann kam Weihnachten.

Ein Päckchen lag für sie unterm Tannenbaum. Die Kinder schauten sie erwartungsvoll an. Sie zog die Schleife auf und faltete das Papier auseinander: Da lag ihr eigener Terminkalender. Die Abende, die sie im vergangenen Jahr zu Hause gewesen war, hatten die Kinder rot eingerahmt und daneben geschrieben: „Mama zu Hause."

Ich habe mir das damals in der Frauenrunde aufgeschrieben und den Zettel dann irgendwo untergekramt und vergessen. Ausgerechnet jetzt fällt er mir wieder in die Hände, als ich meinen Terminkalender für die Adventszeit fülle wie einen längst überfressenen Bauch.

„O Heiland, reiß die Himmel auf" – und alle Seiten aus unseren Terminkalendern, die nur voll sind, weil wir das Wichtigtun nicht lassen können.

„Herab, herab vom Himmel lauf" – und lass die Batterien unserer Autos einfrieren, damit wir die lieblichen Füße der Freudenboten (Jesaja 52,7) an uns selbst wieder entdecken.

„Reiß ab vom Himmel Tor und Tür" – und lass nicht zu, dass wir uns hinter Geschenken und Hektik verbarrikadieren, statt uns selbst zu öffnen.

„Reiß ab, wo Schloss und Riegel für" – und nimm dich besonders unserer heimlichen Privataltäre an, auf denen wir uns selbst opfern im doppelten Sinn.

Aber: Werden wir uns wirklich etwas sagen lassen von einem, der sanftmütig ist und auf einem Esel reitet? Kann so einer ankommen bei uns?

Geh schlafen, Jakob!

Aber Jakob zog aus von Beerscheba und machte sich auf den Weg nach Haran und kam an eine Stätte, da blieb er über Nacht, denn die Sonne war untergegangen. Und er nahm einen Stein und legte ihn zu seinen Häupten und legte sich schlafen.

Und ihm träumte, eine Leiter stand auf Erden, die rührte mit der Spitze an den Himmel, und siehe, die Engel Gottes stiegen daran auf und nieder. Und der Herr stand oben darauf und sprach: Ich bin der Herr, der Gott deines Vaters Abraham und Isaaks Gott; das Land, darauf du liegst, will ich dir und deinen Nachkommen geben. Und dein Geschlecht soll werden wie der Staub auf Erden, und du sollst ausgebreitet werden gegen Westen und Osten, Norden und Süden, und durch dich und deine Nachkommen sollen alle Geschlechter auf Erden gesegnet werden. Und siehe, ich bin mit dir und will dich behüten, wo du hinziehst, und will dich wieder herbringen in dies Land. Denn ich will dich nicht verlassen, bis ich alles tue, was ich dir zugesagt habe.

Als Jakob von seinem Schlaf aufwachte, sprach er: Fürwahr, der Herr ist an dieser Stätte, und ich wusste es nicht! Und er fürchtete sich und sprach: Wie heilig ist diese Stätte! Hier ist nichts anderes als Gottes Haus, und hier ist die

Pforte des Himmels. Und Jakob stand früh am Morgen auf und nahm den Stein, den er zu seinen Häupten gelegt hatte, und richtete ihn auf zu einem Steinmal und goss Öl oben darauf und nannte die Stätte Bethel.

(1. Mose 28, 10-19a)

Geh schlafen, Jakob, Flüchtling aus Beerscheba vor dem Zorn des Bruders, dem du den Segen abgelistet hast. Du wirst heute nicht mehr weit kommen, erschöpfter Mann. Gleich ist es Nacht. Du wirst im Dunkeln fallen, wenn du dich nicht schlafen legst. Und – tu es auch mir zuliebe, Jakob, denn ich brauche deinen Traum. Auf ein Lager aus Sand und Steinen will ich die eigene Erschöpfung betten. Die Tagaugen schließen, mit Nachtaugen sehen, was du gesehen hast.

Deinen Traum träumen, Jakob. Ich möchte wie du Engel auf der Himmelsleiter sehen. Sie werden, so hoffe ich, meine Ermattung von mir nehmen und sie hinauftragen, wie man mit leichter Hand die schwere Decke von einem Schläfer nimmt und eine leichte über ihn breitet. Deinen Traum träumend hoffe ich, dass auch mir Gott gegenwärtig wird, Jakob.

Was für ein Glück ist dir widerfahren, Jakob! Wie ein Bildhauer im rohen Stein schon die Gestalt sieht, die er aus ihm befreien wird, so hast du Nachtgesichtiger im Stein das verborgene Heilige gesehen. Aus meiner Wirklichkeit möchte ich in deinen Traum hinein erwachen.

In meiner Welt, Jakob, gibt es „Beth-El" fast an jeder Straßenecke. Gotteshäuser, höher aufgerichtet als dein gesalbter Stein, voll Glanz, Glut und Geheimnis. Vollgesogen mit Gott. Auf den Straßen und Wegen in meiner Welt sind Menschen unterwegs, zahllos wie der Staub. Du Wüstenwanderer auf dem Weg ins Exil nach Haran, auf keinem Weg der Welt wärest du heute allein. Aber diese Menschen, unstet und flüchtig, überwach und fiebrig, erkennen die gesalbten Steine nicht mehr. Gott? Ja, der wohnte mal hier, heißt es, aber er ist unbekannt verzogen. Vielleicht verstorben?

Die Gotteshäuser, Jakob, sind für viele zu Gottesgräbern geworden, zu einem Haufen toter Steine, wie du sie in der Wüste fandest. Oftmals am Tag öffnet einer in meiner Stadt die schwere Bronzetür von „Beth-El" am Markt, tritt ein, steht einen Augenblick wie geblendet von der Weite des Raumes, geht hindurch, kommt zurück. Ich schaue ihm verstohlen ins Gesicht, in der Hoffnung, einen Schimmer Wiedersehensfreude, etwas von deinem erschrockenen Staunen zu entdecken. Aber sie sind wie Schlafwandler, wie Besucher einer Gruft, die auf Zehenspitzen gehen, um die Ruhe eines großen Toten nicht zu stören.

Was haben wir falsch gemacht, Jakob? Ach, ich fürchte, du verstehst nicht einmal die Frage. Nicht, dass du nichts falsch gemacht hättest! Das Ergaunern des Erstgeburtsrechtes vom tumben Bruder Esau, das Erschleichen des Segens vom blinden Vater – moralische Meisterstücke waren das nicht. Darum ja deine Flucht und das Exil. Aber was für uns jenseits von falsch und richtig das Machen bedeutet, das kannst du nicht wissen. Wir leben nicht das uns gegebene und auferlegte Leben. Wir machen etwas, und wenn es geht, machen wir mehr aus unserem Tag, unserer Zeit, unserem Geld, unserer Freizeit, unserem Leben, aus uns selbst. Wir machen etwas aus der Welt. Wir machen uns auch Religion, so viel, wie wir eben brauchen. Und wir machen uns sogar etwas aus Gott: eine Art Versicherungspolice, eine Ordnungsmacht, eine Trost-und-Rat-Ecke, ein Kreuz-Wort-Rätsel, eine Bedienungsanleitung, ein Ticket für die freie Fahrt ins Jenseits. Das verbissene Machen-Wollen, Machen-Müssen aber hat uns um Schlaf und Traum gebracht. Es bringt uns um Gott; bringt Gott um in uns, selbst in den Gotteshäusern, deren Mauern noch vollgesogen sind mit den Gebeten und Gesängen derer, die vor uns waren.

Die Gegenwart Gottes, sein ruhendes Zugegen- und Da-sein gegen das Angstfieber, gegen die Aus-Flüchte ins geschönte Vergangene: Wir wagen nicht einmal, danach zu schreien. Es wäre ja ein Zeichen von Ohn-Macht, die nichts mehr machen kann. Hast du geschrieen, Jakob, als du allein durch die Wüste musstest?

Neulich kam eine junge Frau ins Gotteshaus. Wir saßen eine Weile still nebeneinander. Plötzlich weinte sie laut. In abgerissenen Sätzen schrie sie ihr Elend in die abendliche Stille. Da war mir auf einmal, als sei dieser Raum ein großes offenes Ohr. Es war wie das Salben des Steines, Jakob. Das Gottesgrab wurde zum Gotteshaus. Es ist jemand nach Hause gekommen.

Dir hat er gesagt, er wolle dich behüten und nach Hause bringen. Zwanzig Jahre hat das gedauert, bis es wahr wurde. Ohne den Traum hättest du das vielleicht nicht überstanden. Deshalb: Leg dich schlafen, Jakob. Ich brauche deinen Traum, den ich weiterträumen kann. Der Weg durch die Wüste ist weit. Aber wem sage ich das?

Die Witwe von Zarpat

Seit Wochen und Monaten kommen Menschen über unsere Grenzen. Hungrig und durstig sind sie. Weniger nach Essen und Trinken, vor allem nach Freiheit dürsten sie, nach einem selbstbestimmten Leben, einem weniger bedrückenden Lebensklima.

Manchem tritt angesichts dieses Menschenstromes der Angstschweiß auf die Stirn: Was fangen wir mit den vielen Leuten an! Die wollen nur unseren Wohlstand. Aber wir haben auch Probleme: Es fehlt an Wohnungen, an Arbeitsplätzen. Wir haben für sie keinen Platz!

Dazu eine Geschichte: Eine Witwe lebte mit ihrem Sohn in einer Kleinstadt. Nicht hier bei uns, sondern in einem heißen Land, in dem obendrein große Dürre herrschte. Eines Tages geht sie vor das Stadttor und sammelt Brennholz. Da hört sie hinter sich eine Stimme. „Bitte gib mir Wasser." Ein Mann, staubbedeckt, mit wildem Bart, kraftlos vor Erschöpfung, steht vor ihr. Er hält ihr ein Tongefäß hin. Soll sie ihm sagen, dass sie selbst kaum noch Wasser hat? Das bringt sie nicht übers Herz. Also nimmt sie das Gefäß und geht, um Wasser zu holen. Da ruft der Mann ihr nach: „Bring mir bitte auch einen Bissen Brot mit." Die Frau dreht sich um: „Bei Gott. Ich hab kein Brot. Eine Handvoll Mehl im Topf, eine Handbreit Öl im Krug, das ist alles. Ich will noch einmal backen, für mein Kind und für mich. Dann werden wir sterben müssen." „Geh und back erst mir etwas und bring es mir her," sagt der bärtige Mann, „dann kannst du für euch beide backen. Denn so spricht Gott: Das Mehl im Topf und das Öl im Krug sollen nicht ausgehen, bis ich es wieder regnen lasse. Also, hab' um Gottes willen keine Angst."

Die Frau geht und tut, was der Mann gesagt hat, und sie nimmt ihn in ihr Haus auf. Und tatsächlich: Das Mehl im Topf und das Öl im Krug gehen nicht aus. Warum hat die Frau so gehandelt? Ich glaube, sie konnte diesen Menschen in Not einfach nicht wegschicken. Nennen wir es ruhig Mitmenschlichkeit. Aber da war noch etwas anderes: Ihr Zutrauen zu diesem Gott, von dem der Mann redete. Ihr menschliches Mitleid und ihr Gottvertrauen machen diese Frau souverän. Sie steht über ihrer Not.

Diese Geschichte muss Gott selbst der Welt ins Stammbuch geschrieben haben. Sie steht in der Bibel. Der hungrige und durstige Mann war der Prophet Elia. Die Stadt hieß Zarpat. Den Namen der Frau erfahren wir nicht.

Ich frage mich bei dieser Geschichte: Können wir es uns wirklich nicht leisten, so menschlich und so souverän zu sein wie diese Frau? Nicht nur gegenüber DDR-Bürgern, auch gegenüber Aussiedlern und Menschen, die Asyl brauchen?

Ja, wenn das im richtigen Leben so einfach wäre wie in der Bibel, sagt vielleicht mancher. Ich will unsere Probleme nicht herunterspielen. Es gibt auch bei uns berechtigte Sorgen und sogar Not. Aber haben wir, aufs Ganze gesehen, wirklich Grund, uns vor denen zu ängstigen, die da kommen? Mir imponiert diese namenlose Frau von Zarpat. Ich finde sie nobel. Und ihr Gottvertrauen finde ich stark. Wir können uns an ihr ein Beispiel nehmen, wir manchmal so Kleingläubigen und Kleinmütigen. Die Menschen, die als Fremde zu uns kommen, stellen unser Christentum und unsere Menschlichkeit auf die Probe. Oder ist es Gott selbst, der uns erprobt?

Training ist (fast) alles

Nun hat es uns wieder gepackt: das Olympia-Fieber. Skispringen, Langlauf, Rodeln, Eisschnelllauf, Eistanz. Ich kann weder Ski noch Schlittschuhe laufen, aber manchen Wettkampf schaue ich mir gern an, und für Eiskunstlauf und Eistanz bleibe ich auch nachts mal auf. Wer am Ende Sieger ist, ist mir nicht so wichtig. Mich fasziniert die Schönheit der Bewegung, die Eleganz, die Leichtigkeit.

Aber was so mühelos und leicht aussieht, ist hart erarbeitet, das weiß jeder. Ich kann nicht sagen, was mich mehr beeindruckt: das scheinbar mühelose Resultat oder die Mühen, bis man es kann; der Verzicht auf viel Spaß, die Härte des Trainings, die eiserne Disziplin der Sportler, das Dranbleiben. In den Schoß fällt den Sportlern nichts.

Wieso meinen wir eigentlich, dass das mit Religion und Glauben anders ist? Es ist fast genau so! „Wie wird man eigentlich Christ?" wurde ich neulich gefragt. Das Erste, was mir einfiel, ist fast das Beste: Man kann es schon als Kind von Vater und Mutter lernen, und das ist wie ein Fundament, das einen trägt. Aber man kann nicht beim Kinderglauben stehen bleiben. Auch Glaube muss wachsen. Kenntnisse sind wichtig. Alle Religionen haben eine lange Geschichte hinter sich. Auch das Christentum. Die Bibel ist in sich eine ganze Bibliothek; sie umfasst die Geschichte von Jahrtausenden. Viele ihrer Geschichten sprechen uns sofort an. Andere müssen wir entziffern wie eine Geheimschrift. Und wer in eine alte Kirche geht, der wird ihre Symbolik nur verstehen, wenn er etwas über sie weiß.

Im Sport gilt: ohne Training kein Erfolg. So etwas wie Training gibt es auch im Glauben. Das bedeutet nicht: fünfzigmal am Tag das Vaterunser zu beten. Aber vielleicht einmal am Tag. Ich kann mich einleben im Haus des Glaubens, so wie ich mich nach einem Umzug an einem neuen Ort einlebe. Da dauert es seine Zeit, bis ich weiß, wo die Bank und der Supermarkt sind.

Wer zum ersten Mal in einen Gottesdienst geht, der weiß auch erst nicht, wo die Glocken hängen. Kyrie eleison. Halleluja. Hosianna, Amen: Reden die hier in einer fremden Sprache? Beim zweiten Mal geht es schon besser. Und mit der Zeit wird man ein Profi. Wie überall. Glauben kann man nicht erringen wie eine Medaille. Aber wer sich darauf einlässt, wer hört, wie andere mit dem Glauben leben und auch in schweren Zeiten Boden unter den Füßen haben, der traut sich vielleicht selbst irgendwann, Vertrauen zu wagen. Es ist wie beim Schwimmen-Lernen: Erst habe ich Angst und lasse den Rettungsring nicht los. Aber irgendwann passiert es. Ich vertraue mich dem Wasser an und – es trägt mich. Mit dem Glauben ist es ähnlich. Plötzlich weiß ich: ich bin getragen und angenommen. Diesen Augenblick kann man nicht „machen". Er ist ein Geschenk Gottes. Aber dass er möglich wird, dazu kann ich etwas tun.

Einen Endzustand gibt es weder beim Sport noch beim Glauben. Wer heute als Sieger auf dem Treppchen steht, muss morgen doch wieder zum Training. Auch Christen müssen fit bleiben, sonst hält ihr Glaube nicht stand, wenn es hart auf hart geht. „Leben ist nicht ein Frommsein, sondern ein Frommwerden", hat Martin Luther gesagt, „nicht eine Gesundheit, sondern ein Gesundwerden, nicht eine Ruhe, sondern eine Übung. Wir sind's noch nicht, wir werden's aber. Es ist noch nicht getan oder geschehen, es ist aber im Gang oder im Schwang." – Wie beim dreifachen Rittberger. Oder beim Flug von der Schanze!

Wie man im Notfall
den Sicherheitsgurt öffnet

Von Angst, Terror und Krieg

Ist euch nicht Kristus erschienen?

Seit Jahren habe ich ein Bild von Karl Schmitt-Rottluff in meinem Arbeitszimmer: einen Christuskopf, der ganz anders ist, als man ihn sonst kennt. Nichts Weiches, Freundliches sondern Schwarz und Weiß mit harten Linien, Ecken und Kanten. Der Blick aus den ungleich großen Augen ist streng, düster und voll Trauer. Und zweimal die Frage: „Ist euch nicht Kristus erschienen?" Christus mit K. Fremd, wie der ganze Kopf.

Auf der Stirn steht eine Jahreszahl: 1918. Das war das Ende des Ersten Weltkrieges. Offenbar ist dieses Bild unmittelbar nach diesem ersten großen modernen Krieg entstanden, unter dem Eindruck des Grauenvollen, das Menschen einander angetan haben. „Ist euch nicht Kristus erschienen?" fragt fassungslos der Künstler – und scheint dieser Christus selber zu fragen. Er hat Liebe gepredigt und wollte Versöhnung bringen. Aber was ist aus seiner Botschaft gemacht worden! Ein erschrockener Christus ist das. Er klagt an und klagt ein: Er will nicht umsonst erschienen, nicht umsonst gestorben sein.

Es ist kein schönes Bild. Aber es lässt mich nicht los, erst recht nicht in diesen Tagen und Wochen. Was würde Schmitt-Rottluffs Christus heute sagen? Was wäre, wenn auf seiner Stirn die Jahreszahl 2001 stände? Dieser Christus sähe diese Welt, die durch Terror verstörten und geängstigten Menschen. Er sähe die Opfer von Terror und Gewalt und auch die Verursacher. Und gewiss würde er keines ihrer Verbrechen rechtfertigen oder verharmlosen oder wegerklären. Gerechtigkeit muss sein. Sie ist einer der Namen Gottes.

Aber auch wir können uns seinem Blick nicht entziehen. „Ist uns nicht Kristus erschienen?" Wir, die Menschen des früher oft mit Stolz so genannten christlichen Abendlandes und der Neuen Welt: Warum fällt es uns so schwer, eine überzeugende *christliche* Antwort auf die Gewalt zu finden? Warum neigen wir dazu, die Welt in Gute und Böse, in das Reich der Finsternis und das Reich des Lichtes aufzuteilen? Warum wollen bei uns die Rufe nach Rache und Vergeltung nicht verstummen?

Dieser Christus deckt unsere versteckte Angst auf, das Gesicht und die Macht zu verlieren, wenn wir nicht Rache üben. Er deckt die Schwachheit unseres Glaubens auf. Denn wenn er uns wirklich erschienen ist, wenn wir von seiner Wahrheit im Innersten überzeugt sind, dann müssten wir jetzt stärker sein. Stark aber ist nicht der, der Rache übt. Stark ist, wer mit offenem Visier auf den anderen zugehen und sagen kann: Komm, lass uns reden und gemeinsam an einer gerechteren Welt arbeiten.

Stark ist nicht, wer den Glauben eines anderen verächtlich machen muss. Stark ist, wer seine eigenen Wurzeln achtet und die des andern gelten lässt, ohne sich bedroht zu fühlen. Stark ist nicht, wer besser drohen und schlimmer zuschlagen kann. Stark ist, wer den längeren Atem hat. Wer sich auch durch noch so lautes Rufen nach dem „Heiligen Krieg" nicht vom Weg der Vernunft abbringen lässt.

„Kristus" mit der Zahl 2001 auf der Stirn: Heute wie damals will er uns zu starken Menschen machen. Aber stark nach der Weise der Bergpredigt: „Selig sind, die Frieden stiften, denn sie werden Gottes Kinder heißen." Ob wir wohl jemals reif sein werden für seine Wahrheit?

Wohin mit der Angst?

Kurz vor dem Abflug zeigte uns die Stewardess, wie man im Notfall den Sicherheitsgurt öffnet und die Sauerstoffmaske anlegt, falls die Luft im Flugzeug knapp wird. Es war alles wie immer, wenn man fliegt. Aber plötzlich gingen mir andere Gedanken durch den Kopf: Wenn das Flugzeug explodiert oder zum Geschoss wird, braucht man das mit dem Gurt oder der Sauerstoffmaske nicht mehr zu wissen. Und auf einmal werden die Anweisungen der Stewardess rührend und fast ein bisschen komisch. Was nützt ein Feuerlöscher, wenn ein Vulkan ausbricht?

Wohin mit der Angst in diesen Tagen? Die Nachrichten von den Milzbrandopfern in Florida machen mir Angst. Die militanten Demonstranten in Pakistan machen mir Angst. Das Gesicht Bin Ladens macht mir Angst. Ich will diese Angst in mir nicht unterdrücken. Sie zeigt mir, wo es gefährlich wird, und warnt mich. Sie sagt mir: Jetzt musst du flüchten oder standhalten. Aber wer kann schon flüchten und wohin? Die Menschen in Afghanistan nicht – und wir auch nicht.

Also: standhalten. *In* der Angst und *mit* ihr leben. Für Christen ist das keine neue Situation. Ich war in Rom und habe die unterirdischen Friedhöfe, die Katakomben, besucht. Die verfolgten Christen der ersten Jahrhunderte haben dort unten ihre Toten bestattet. Sie haben Grabkammern und Kapellen in den weichen Tuffstein gegraben und haben sich da unten versteckt, Gottesdienst und Abendmahl gefeiert. Sie haben die Namen ihrer Toten in Steinplatten geritzt, damit sie von Gott und Menschen nicht vergessen werden. „Fürchte dich nicht, denn ich habe dich erlöst; ich habe dich bei deinem Namen gerufen, du bist mein," heißt es im Buch Jesaja. Und Jesus sagt seinen Jüngern: „Freut euch! Eure Namen sind im Himmel geschrieben."

Diese Freude kann man sehen: Sie haben die Wände der Katakomben mit Bildern und Symbolen geschmückt. Eines der ältesten Symbole, älter als das Zeichen des Kreuzes, zeigt Christus, den guten Hirten. Er trägt ein Schaf auf seinen Schultern. Das ist ein Urbild unseres Glaubens. Es sagt: Du bist behütet. Der Tod wird dich nicht von Christus wegreißen. Es sagt auch: Niemand soll verloren gehen. Auch der geringste Mensch hat unendlichen Wert bei Gott. Die frühen Christen waren keine Fanatiker. Sicher haben sie Angst gehabt. Aber diese Angst hat sie nicht von Gott getrennt. Und sie haben ihre Verfolger nicht gehasst. Auf vielen der Steintafeln steht neben dem Namen des Toten das Wort „Friede".

Die Christen in den Katakomben hatten kleine Öllampen, die nur ein winziges Licht erzeugten. Aber in vollkommener Dunkelheit entfaltet es große Kraft. Die Menschen haben sich gegenseitig „heimgeleuchtet", sie waren so etwas wie Heimat füreinander in der Dunkelheit. – Die Tafeln mit den Namen der Toten, die Bilder, die Lampen sind Botschaften des Glaubens, der über die Angst siegt.

Niemand von uns weiß, wie es weitergeht und was auf uns zukommt. Kein Politiker und kein Experte. Und auch kein Bin Laden, der sich in seiner Verblendung über die Angst und den Tod anderer freut. Wir dürfen uns nicht davon abbringen lassen, mit Vernunft und Menschlichkeit zu denken, zu reden und zu handeln. In meiner Angst und gegen sie glaube ich: Diese Welt wird von Gott getragen. Mein Gott ist der, der im guten Hirten Christus Mensch geworden ist. Er will, dass wir nicht Mörder, sondern Hirten füreinander sind. Anders werden wir das Böse nicht überwinden.

Concorde-Katastrophe

Hiob, ein Mann der Bibel, hat fast über Nacht alle seine Kinder verloren. Im Buch Hiob lesen wir: „Als aber die Freunde Hiobs von dem Unglück hörten, das über ihn gekommen war, gingen sie hin, um ihn zu beklagen und zu trösten. Und sie saßen mit ihm auf der Erde sieben Tage und sieben Nächte und redeten nichts mit ihm; denn sie sahen, dass sein Schmerz sehr groß war." Sie redeten nichts mit ihm: Das ist heute anders. Schneller als der Schall ging die Hiobsbotschaft vom Absturz der Concorde um die Welt. Im Nu war sie in aller Munde, in allen Medien. Sondersendungen auf allen Kanälen, Interviews mit Experten. Politiker eilten zum Unglücksort. Und natürlich – wie immer bei solchen furchtbaren Katastrophen – wurde und wird gefragt: Wie konnte das passieren? Wer ist schuld?

Alles das scheint im Zeitalter globaler Kommunikation unausweichlich zu sein. Und fast genau so unausweichlich scheint auch, dass schon wenige Tage danach sich beinahe Überdruss einstellt. Nicht schon wieder! Nicht noch mehr! Man will zur Tagesordnung übergehen. Aber für die Betroffenen gibt es diese Tagesordnung nicht mehr. Für sie bleibt alles anders, unwiderruflich.

Sieben Tage und Nächte, eine ganze Woche, sitzen die Freunde mit Hiob auf der Erde und schweigen; „denn sie sahen, dass sein Schmerz sehr groß war."

Vielleicht war Hiob anfangs wie versteinert. Vielleicht hat er geweint, seine Kleider zerrissen, sich mit Staub und Asche bedeckt und Gott angeklagt. Ein verzweifelter Vater. Und wie eine lebende Klagemauer halten die Freunde ihn aus. Sie versuchen nicht, ihm „Trost zu spenden", wie das heute heißt. Denn sie kennen die alte Weisheit: Einen Menschen trösten wollen heißt, seinen Schmerz nicht ernst nehmen.

Das gilt auch heute. Es darf nicht sein, dass Menschen, die von einem schweren Schlag heimgesucht sind, erst mit unendlich vielen Worten der Anteilnahme überschüttet werden, dann aber, wenn sie jemanden brauchen, mit dem sie immer wieder über das Unglück reden kann, zu hören bekommen: „Du musst allmählich damit fertig werden. Das Leben geht schließlich weiter."

Alles hat seine Zeit, sagt der Prediger Salomo. Lachen hat seine Zeit und Weinen, geboren werden und sterben, tanzen und klagen. Auch der Schmerz hat seine Zeit und braucht seine Zeit. Das Zeitmaß der Seele kennt keine Abkürzungen. Das Wort von der schnelllebigen Zeit ist eine Täuschung. Niemand lebt sein Leben schneller, und wenn er sich noch so beeilt. Und auch ein jähes Sterben wie das in Paris wird nicht schnell bewältigt, nur weil das öffentliche Interesse kurzlebig ist.

Gott bleibt die Zuflucht aller, die ein zerschlagenes Gemüt und zerstörte Hoffnungen haben. Er gebe ihnen Menschen mit langem Atem zur Seite. Und die, die so schrecklich aus dem Leben gerissen wurden, halte er in seiner Hand, nicht nur für kurze Zeit, sondern in Zeit und Ewigkeit.

Spiel mit dem Feuer

Es ist so weit: Die Fußball-WM ist angepfiffen! Millionen von Fans werden in den nächsten Wochen hin- und hergerissen sein zwischen Begeisterung und Frust, sich sorgen um die Gesundheit ihrer Stars, sich aufregen über Schiedsrichter-Entscheidungen. Eine Achterbahn der Gefühle, Spannung pur! Das macht den Reiz der Spiele aus. Hoffen wir, dass die Besten gewinnen und dass alles fair und friedlich bleibt!

Ein ganz anderes Spiel läuft im Augenblick in der öffentlichen Debatte dieses Landes: ein Spiel mit dem Feuer! Ich rede von der Antisemitismus-Diskussion. Ich will jetzt nicht alle die missverständlichen, provokanten, halb wahren und halb garen Sätze zitieren, die zwischen den Kontrahenten gefallen oder jedenfalls gedruckt worden sind. Mir ist Folgendes wichtig: Wir haben alle miteinander viel zu verlieren, denn es ist in diesem Land viel erreicht worden, und daran haben in den letzten fünfzig Jahren Tausende gearbeitet. Unter ihnen waren Menschen, die den Holocaust überlebt haben und sich trotzdem für Versöhnung einsetzen. Jugendliche arbeiten in Israel und in anderen Ländern für die „Aktion Sühnezeichen". Es gibt einen intensiven christlich-jüdischen Dialog. Deutsche und Israelis,

Juden und Christen haben geduldig Stein auf Stein gesetzt und Brücken des Vertrauens aufgebaut.

Die Früchte dieser Versöhnungsarbeit sind sichtbar: In diesem Land leben wieder Deutsche jüdischen Glaubens; es gibt jüdische Gemeinden und neue Synagogen; es gibt in Deutschland wieder eine jüdische Kultur. Ein deutscher Außenminister bekommt in Israel die Ehrendoktorwürde verliehen; einer, der auch mit Arafat redet! Nichts davon ist selbstverständlich!

Und ich erlebe es gerade in Aurich, wo ich wohne: Auf Einladung dieser Stadt sind ehemalige jüdische Bürger nach Aurich gekommen, einige zum ersten Mal seit 1938, alte Menschen! Sie haben den Mut, diese Stadt wieder zu betreten. Als vor zwei Tagen mitten in der Stadt, da, wo einmal die Synagoge gestanden hat, ein Gedenkstein enthüllt und 310 Namen von Auricher Juden verlesen wurden, die umgekommen sind, beteten sie das Totengebet und legten Steine gegen das Vergessen auf das Mahnmal. Sie stellen sich dem Schmerz der Erinnerungen, aber ohne Hass. Sie sprechen mit Schülern und Erwachsenen, sie sind bereit, mit den Menschen ihrer ehemaligen Heimatstadt neu anzufangen, auch wenn ihre neue Heimat längst Israel geworden ist.

Was sollen wir ihnen sagen, wenn sie die Zeitung aufschlagen und sehen, worüber hier gestritten wird? Nein, es kann nicht sein, dass ein paar böswillige oder zumindest unbedachte „Strategen" einreißen, was Jahrzehnte lang aufgebaut worden ist!

Die Politik Israels ist nicht über Zweifel und Kritik erhaben, und sie *wird* kritisiert. Aber genau so kritisch wie die Israelis sind die Palästinenser zu fragen: „Wie könnt ihr zulassen, dass eure jungen Menschen, eure Kinder, sich selbst in die Luft sprengen und viele unschuldige Menschen mit in den Tod reißen? Liebt ihr eure Kinder nicht? Warum bringt ihr sie nicht von diesem Irrsinn ab?" –Wer glaubt, sich durch solche abstrusen Taten das ewige Leben verdienen zu können, irrt, und zwar in jeder Religion. Religionen müssen dem Leben dienen, das Gott uns gegeben hat. – Also: Pfeift es ab, dieses böse Spiel!

Wie lernt man seine Feinde lieben?

"Ihr habt gehört", sagt Jesus in der Bergpredigt, "du sollst deinen Nächsten lieben und deinen Feind hassen. Ich aber sage euch: Liebt eure Feinde!" Wie macht man das: die Feinde lieben?

Drei Dinge habe ich aus dem Ostergottesdienst der serbisch-orthodoxen Gemeinde in Hannover mitgebracht.

Das Brot. Mit ihm fängt alles an. So viele Geschichten aus dem Zweiten Weltkrieg haben mit Brot zu tun. Wer erlebt hat, dass ein Fremder oder gar ein Feind ihm ein Stück Brot schenkte, vergisst das sein Leben lang nicht. Feindesliebe fängt mit dem Teilen von Brot an: Hier, nimm. Ich will nicht, dass du verhungerst. Du sollst leben, auch wenn in unseren Köpfen ganz verschiedene Welten und Wahrheiten sind. Da wächst ein winziges Stück einer Brücke auf das andere Ufer zu, wo der "Feind" sitzt.

Das Ei. Ein uraltes Symbol für Auferstehung und Verwandlung. Ein Ei ist vollkommen und dennoch etwas Vorläufiges. Irgendwann zerbricht die Schale, und ein neues Leben kommt zum Vorschein. Du und ich, wir sind auch nicht fertig, auch wenn wir manchmal ziemlich fertig miteinander sind und klare Feindbilder in unseren Köpfen haben. Irgendwann wachsen wir hoffentlich aus den Eierschalen der Feindbilder heraus. Weil wir gelernt haben, mit den Augen des anderen zu sehen und wenigstens 50 Kilometer in seinen Schuhen zu gehen.

Die Kerze. Im orthodoxen Gottesdienst zündet man für Lebende und Tote Kerzen an. „Ich wünsche dir Leben", heißt das. Aber auch: „Du sollst in Gottes Hand sein, für immer und ewig." Wenn Menschen, in deren Köpfen ganz verschiedene Welten und Wahrheiten sind, zusammen Kerzen anzündeten – für die, die in dem bombardierten Zug auf der Brücke starben, und genauso für die, die täglich im Kosovo umkommen, für das *Leben aller* Menschen dort – das wäre wieder ein Stück Brückenbau.

Nach dem Ostergottesdienst saß ich im Vorraum der Kirche zusammen mit Pater Milan, dem Geistlichen der Gemeinde. Wir kennen uns ganz gut; viele Jahre waren die Serben Gäste in unserer Kirche, bis ihre eigene Kirche gebaut war. Milan sagt: „Die Menschen haben so viel Angst. Der Kontakt zwischen Deutschen und Serben hier darf jetzt nicht abreißen. Das Gebet darf nicht aufhören."

Beten kann man nicht *gegen* andere, nur *für* sie. Vielleicht gelingt uns so, was von einem Kaiser erzählt wird: Er hatte vor, das Land seiner Feinde zu erobern und sie alle zu vernichten. Später sah man ihn mit seinen Feinden speisen und lachen. „Wolltest du nicht deine Feinde vernichten?" staunten die Leute. „Hab ich doch," sagte der Kaiser. „Ich habe sie zu meinen Freunden gemacht." Nicht Vernichtung, sondern Verwandlung, das meint Jesus, wenn er sagt: Liebt eure Feinde. Verwandeln ist schwerer als Vernichten. Weil es bei mir selbst anfangen muss.

Dann kam der Krieg

Ein weltbekanntes Bild: Eine Straße, versperrt durch einen Schlagbaum. Dahinter Männer in Uniform. Unter Hurrageschrei schieben sie den Schlagbaum beiseite. Der Weg nach Polen ist frei. Der Weg zu einem schnellen Sieg, so glaubte mancher. Aber es war der Weg in den blutigsten Krieg der Menschheitsgeschichte.

Fünfzig Jahre sind seitdem vergangen. Aber vergessen ist dieser Krieg nicht. Wenn ich in meiner Gemeinde ältere Menschen besuche oder mit Familien zu einem Trauergespräch zusammensitze, dann fällt fast immer der Satz: „Und dann kam der Krieg." Dann wird erzählt: von Flucht und Vertreibung, von Bombennächten und dem Kampf ums tägliche Brot, von der Angst um die Männer und die Kinder. Es sind die Frauen, die erzählen. Männer sind schweigsamer. Bis heute können viele von ihnen nicht über ihre Erlebnisse in Krieg und Gefangenschaft sprechen, nicht über ihre Todesangst, nicht darüber, dass sie getötet haben.

Kaum ein Leben unter uns, das nicht durch diesen Krieg geprägt ist. Auch die, die – wie ich selbst – noch nicht geboren waren, als der Krieg begann, sind doch in Mitleidenschaft gezogen. Wir können nicht sagen: Was geht mich das an? Und so, wie bei uns die Erinnerung an den Krieg noch lebendig ist, so erinnern sich auch unsere Nachbarn in Europa. Nur heißt es, wenn sie von damals erzählen, wohl nicht: „Und dann kam der Krieg." Sie sagen: „Und dann kamen die Deutschen."

Natürlich steht jedem das eigene Erleiden in diesem Krieg am nächsten. Wenn mein eigenes Haus brennt, wenn meine Stadt zerstört wird, dann geht mir das näher, als wenn Coventry oder Warschau brennen. Das eine ist hautnah erlebt, am eigenen Leib gespürt. Das fremde Leid ist – wenn überhaupt – immer nur vorgestellt, im Kopf nachvollzogen, nicht am eigenen Leib gespürt.

Vielleicht haben deshalb bis heute viele Menschen auch Schwierigkeiten mit der Frage nach der Schuld an diesem Krieg. „Wie können wir schuld sein, wenn wir doch selber so viel gelitten haben! Ich bin doch nicht in Polen einmarschiert! Und was haben die anderen bei uns angerichtet! Ist das keine Schuld?"

Doch. Zug um Zug. Schuld um Schuld. „Wer Wind sät, wird Sturm ernten", heißt es in der Bibel. Deutschland hat nicht nur Wind, sondern einen Orkan gesät. Und der hat uns selbst heimgesucht. Wir müssen heraus aus dieser Spirale von Anklage und Selbstentschuldigung auf allen Seiten. Wir müssen einen neuen Weg finden, sonst werden wir nicht auf Dauer in Frieden leben können.

Im Vaterunser steht die Bitte: „Vergib uns unsere Schuld, wie auch wir vergeben unsern Schuldigern". Vergeben heißt nicht vergessen. Was geschehen ist, kann und darf nicht vergessen werden. Vergeben heißt: es soll nicht mehr zwischen uns stehen. Darum bitten wir Gott zu allererst: „Gott, du Hüter des Lebens, lass diesen Krieg nicht mehr zwischen dir und uns, zwischen uns und unseren Nachbarn stehen." Wenn wir aber so beten, dann müssen wir auch bereit werden, denen zu vergeben, die an uns schuldig geworden sind. Sonst werden wir keinen Frieden finden.

Und die anderen? Das Vaterunser wird nicht nur bei uns, sondern überall in Europa gebetet, auch in Polen.

Statt zu beten, lese ich Zeitung ...

Statt zu beten, lese ich Zeitung:
Die Schlagzeilen, die Kleinanzeigen,
den Stellenmarkt, den Börsenbericht.
Eifersüchtiger Mann erschlug Frau und Kinder.
Jumbojet prallte gegen Berghang.
Die kleine Biggi kann wieder lachen.
Ehepaar sucht Gleichgesinntes.

Zwischen Rotz und Tränen,
Gefühlsduselei und Brutalität,
Sensationslust und Gleichgültigkeit
bringen wir Menschenopfer,
waschen wir Autos und Hände
in Unschuld,
üben wir beten und fluchen,
spannen wir die Hoffnung
auf die Folter.

Ich blättere in den Seiten des Lebens und denke:
Das kann doch nicht dein Ernst sein, Herr,
dass diese Welt in Ordnung ist.

Oder liest du eine andere Zeitung?

Wolfgang Poeplau

Nein, keine andere Zeitung hätte er gelesen, wenn es Zeitungen damals schon gegeben hätte, damals, als Jesus über die Straßen Israels zog. Und die Schlagzeilen wären wohl ähnlich gewesen wie heute: „König Herodes lässt Moralapostel köpfen." – „Wanderprediger entweiht Sabbatruhe." – „Aussätzige auf der Straße: Notunterkünfte gesucht." – „Statthalter Pilatus macht Badeferien am Mittelmeer." – „Steht das Weltende bevor? Sterne sagen Unheil an."

Diese Zeitung hätte auch er gelesen, mit allem Saus und Graus, der in den Zeitungen dieser Welt steht. Zwischen die Zeilen aller Zeitungen aber hat er eine andere Zeitung gesetzt, handgeschrieben und signiert: Eine Zeitung voll guter Nachricht für alle Mühseligen und Beladenen. Da steht zu lesen: „Der gute Hirte: Ich bin es. Ich hüte euch." – „Das Brot des Lebens: Kostet es. Es ist für euch." – „Die Tür ist offen: Geht zu Gott." – „Das Himmelreich ist für die Kleinen da." „Dein Leben ist von Gott gehalten, wie eine Rebe vom Weinstock gehalten wird."

Weil Jesus mit seinem Leben solche Botschaften schrieb, lese ich die Zeitung jeden Morgen genau. Ich achte auch auf das, was zwischen den Zeilen steht. Ich beginne zu beten.

„Lasset uns Menschen machen ..."?

„Aus für das naturwüchsige Kind!" – „Elternpflicht der Zukunft: das optimale Kind!" – „Qualitätskontrolle auch beim menschlichen Nachwuchs!" – „Vorgeburtliche Selektion!"

Was da wie Aufreißer aus der Horror- oder Science-Fiction-Kiste klingt, sind Sätze aus einem Forum über Fortpflanzungsmedizin und Medizintechnik, das vor kurzem stattfand. Bereits jetzt – so Wissenschaftler vom Fach – werden schon bei kleinsten Schädigungen oder leicht behebbaren Krankheiten „vorsichtshalber" Schwangerschaften abgebrochen. Schon heute übt die neue Medizin erheblichen Druck auf Eltern aus, Kinder nicht mehr so hinzunehmen, wie sie sind. Sie sollen etwaige Mängel schon im Mutterleib korrigieren oder ihnen das Lebensrecht verweigern.

Fast gleichzeitig hatte ich ein Gespräch mit einer werdenden Mutter. Sie hatte Angst, dass ihr Kind mit einer Behinderung geboren würde. Die Testergebnisse standen noch aus. Sie sah das Problem ganz klar: „Schon, dass ich den Test machen lasse, ist ein Schritt in eine bestimmte Richtung. Aber ich würde mir Vorwürfe machen, etwas versäumt zu haben, wenn ich es nicht täte." Mit ihrem Mann sei sie zunächst einig gewesen: Bei drohender Behinderung käme nur ein Abbruch in Frage. „Aber dann sind wir ins Nachdenken gekommen. Wieso ist das klar? Hätte nicht auch ein behindertes Kind ein Recht auf Leben und auf unsere Liebe? Wir haben das Kind doch gewollt! Sollen wir dann plötzlich sagen: Aber so nicht? Kinder sind eine Gabe Gottes. So steht es in der Bibel. Das muss doch auch für ein behindertes Kind gelten!"

Ein schwerer Konflikt. Glatte Lösungen gibt es nicht. Aber wie viele Eltern werden in Zukunft solche Gespräche überhaupt noch führen oder Rat bei Seelsorgern suchen? Wer wird dem Druck der neuen Technik des Menschenmachens standhalten? Wie wird eine Gesellschaft aussehen, die das Ausmerzen des Schwachen zum ungeschriebenen Gesetz erhebt? Optimale Kinder, optimale Menschen: Wo suchen wir sie? In einer „Schönen neuen Welt" – oder bei dem, von dem Pilatus sagte: „Ecce homo. Seht, der Mensch"?

Luftballons am Sarg

Von Tod und Leben

Was sucht ihr den Lebendigen bei den Toten?

Thomas hat sich gewünscht, dass bei seiner Beerdigung Luftballons an die Griffe des Sarges gebunden werden. Thomas war an Aids erkrankt. Sein Sterben war ein schwerer Weg. Aber er war nicht allein. Freunde sind bei ihm gewesen, sind seinen Weg mitgegangen, so gut sie konnten. Und nun wünscht sich Thomas, dass der Abschied leicht sein soll. Weil er das Sterben hinter sich haben wird.

Für Klaus ist ein Buch gestaltet worden. Lieblingsgedichte, Erinnerungen, Fotos, Zeichnungen, witzige und ernste Begebenheiten sind von den Freunden hineingeschrieben worden. Als Klaus gestorben ist, wird das Buch seinem Lebensgefährten übergeben.

Wolfgang ist in seinem Sterben über einen langen Zeitraum von vielen Freundinnen und Freunden begleitet worden. Sie lösten einander ab, schliefen auf dem Boden des Krankenzimmers. Immer war jemand für ihn da. Als Wolfgang gestorben ist, bauen die Freunde auf seinem Bett eine „Wolfgang-Collage" auf. Seine fellbesetzten Puschen werden auf das Fußende der Bettdecke gelegt. Seine Strickjacke, die den abgemagerten Körper gewärmt hatte, wurde ausgebreitet. Erinnerungsstücke fanden ihren Platz: Dinge, die er geliebt hatte, die er anderen geschenkt hatte, Geschriebenes und Gemaltes, Blumen und Kerzen. Und die Stelle, wo sein Kopf gelegen hatte, umrahmten wie ein Heiligenschein die Karten und Briefe, die er in den letzten Monaten der Krankheit erhalten hatte.

Menschen „erfinden" neue Rituale, um ihrer Trauer, ihrer Liebe und der Bedeutung eines Menschen Ausdruck zu geben. Menschen verlieren ihre Angst vor dem Tod, indem sie mit einem Sterbenden umgehen und ihm nah bleiben. Ja, manchmal kommen sie einander erst jetzt nah. Und die, die einem Sterbenden nah geblieben sind, sagen hinterher: „Es war schön – obwohl es traurig war. Es war die wichtigste Zeit, die wir zusammen hatten. Obwohl ich jetzt allein bin, möchte ich diese Zeit des Abschiednehmens doch nicht missen."

Für mich sind das österliche Geschichten, obwohl oder gerade weil sie mit Sterben, Tod und Trauer zu tun haben. Das gilt für das Urbild aller Ostergeschichten, für den Tod und die Auferstehung Jesu, ja auch. Und gerade das macht diese Geschichten und das Geschehen, von dem sie erzählen, so stark. Der Tod mit seinem Schrecken wird nicht ausgeblendet. „Mein Gott, mein Gott, warum hast du mich verlassen!" schreit der sterbende Jesus. Und was ist das für eine ans Herz gehende Szene, wie seine Freundinnen und Freunde den toten Jesus vom Kreuz nehmen, wie sie die Nägel aus den Händen und Füßen lösen und ihn dann behutsam hinabgleiten lassen, um ihn in ein Tuch zu hüllen. Da gibt es keine Berührungsangst; der Tote wird angefasst, in die Arme genommen.

Und am Ostermorgen kommen Frauen zur Grabeshöhle, um das nachzuholen, was sie wegen des angebrochenen Sabbat nicht hatten tun können. Sie wollen den Leichnam salben. Ein Ausdruck der Liebe und Verehrung ist das und sicher auch ein Ritual, das den Abschied erleichtern soll.

Aber diese Art Abschied ist nicht möglich. Niemand kann es erklären, aber die Bibel berichtet davon. Der Tote ist nicht an seinem Ort. Er ist nicht da, wo man hingehen, ihn ehren, betrauern und von wo man auch wieder weggehen kann in das Leben, das weitergeht. „Was sucht ihr den Lebendigen bei den Toten?", fragt sie einer, der sie an der Grabhöhle anspricht, einer in weißem Gewand, in der Farbe Gottes und des Lichtes. Das ist die Frage, die alles auf den Punkt bringt. Es hat keinen Sinn, Jesus bei den großen Toten der Vergangenheit zu suchen. Er ist irgendwo da vorn, weit vor uns, da, wo wir noch nicht waren. Und zieht uns in den Bann seines Lebens. Aus der Endstation Tod ist ein Tor geworden: ein Tor, ein Weg ins Leben. Der Tod ist seiner Macht entkleidet. Er ist entzaubert.

Und seitdem können Menschen den Tod entzaubern, indem sie ihn das sein lassen, was er ist: das Ende des Lebens in dieser einen, bestimmten Gestalt. Aber sie erlauben ihm nicht, das Leben schlechthin für beendet zu erklären. Und schon gar nicht wird der Tod das Ende der Liebe sein oder gar das Ende der Hoffnung. Die leibliche Gestalt von Wolfgang liegt nicht mehr da. Aber die Liebe seiner Freunde gibt ihm in dieser phantasievollen Collage eine neue Gestalt, sie schafft ihn neu. Er bleibt in ihrer Mitte, obwohl er im Schoß der Erde liegt. Liebe verwandelt den Tod in einen Teil des Lebens. Sie gibt ihm ein Gesicht, so, wie das Leben des Menschen ein Gesicht gehabt hat.

Es sollte unter unserer Würde sein, Tote einfach zu entsorgen und sie namenlos zu machen, als wären sie eine Sache. Nur wer das Sterben und den Tod in seiner Würde bestehen lassen kann, wird auch von der Würde des Lebens etwas verstehen. Und umgekehrt.

Brachland

Vor einiger Zeit besuchte ich eine Frau im Krankenhaus. Sie war todkrank, aber sie versuchte, ihr Schicksal mit Fassung zu tragen. Einmal traf ich sie mutlos an. „Ich halte dieses Herumliegen nicht mehr aus", sagte sie. „Was habe ich früher alles geschafft! Jetzt komme ich mir nutzlos vor. Mein Leben liegt brach."

Ich verstand, was sie meinte, weil ich selbst solche Zeiten des Brachliegens kenne. Sie meinte es allerdings endgültiger, denn sie ahnte, dass sie bald sterben würde. Es machte ihr zu schaffen, dass ihr Leben zu Ende gelebt sein könnte ohne greifbare Erfolge, ohne Früchte. Daran musste ich denken, als ich ein Aquarell-Bild der Leipziger Künstlerin Hannelore Röhl sah.

Ein Blick über weites Land. Im Vordergrund, neben einem kahlen Strauch, duckt sich ein Dorf. Ein düsteres Rot liegt über dem Ort. Am oberen Bildrand steht eine etwas fröstelige Vorfrühlingssonne in einem blassen Himmel. In der Ferne erkennt man sonnige Streifen über dem Land. Der mittlere Teil des Bildes aber liegt im Schatten: ein großer Acker, durchzogen von grünen, braunen und rötlichen Furchen. Wenn man den Acker auf dem Bild genau betrachtet, dann entdeckt man eine helle Linie. Da ist eine Spur. Sie verläuft krumm und manchmal sogar brüchig, aber sie hört nicht auf. Am Ende, wo die Ackerfurchen zu einem dunklen Punkt verschmelzen, hebt sich die Linie über den Acker hinaus in den Himmel: Da steht ein Kreuz über dem Land.

„Golgatha" hat die Künstlerin das Bild genannt. So hieß der Ort, an dem Jesus gekreuzigt wurde. Eigentlich also der Name für das Scheitern Jesu. Wie einer, der den Himmel säen wollte, so ist er über das Ackerfeld Erde gegangen. Er säte Hoffnung für die Ausgestoßenen, Vertrauen zur grenzenlosen Güte Gottes, Gemeinschaft der von Lasten Befreiten. Er säte Liebe. Und am Ende sah es doch so aus, als wäre alles vergeblich gewesen, als endete sein Weg im Nichts.

Aber seine Himmelssaat ist aufgegangen. Seit Jesus da war, gingen und gehen Menschen in seiner Spur. Und wie er versuchen sie, ein Körnchen Himmel in das Ackerfeld Erde zu säen. Oft sind es Menschen, deren Namen nie in der Zeitung stehen, wie der dieser kranken Frau oder wie die Namen vieler Menschen, die sich für andere einsetzen, ohne ihre Kräfte zu schonen und gegen die Erfahrung von Vergeblichkeit.

An diesem Bild ist mir ein Wort Jesu aufgegangen: „Wenn das Weizenkorn nicht in die Erde fällt und stirbt, bleibt es allein. Wenn es aber stirbt, bringt es viel Frucht." Das hat er über sich selbst gesagt, aber auch über die, die versuchen, Himmel und Hoffnung zu säen. Ihnen gilt: „Freut euch. Eure Arbeit wird Frucht bringen." Denn bei Gott bleibt nichts brach liegen, was in der Spur Jesu gelebt oder gestorben ist.

Osterlicht

In der Kirche, an der ich Pastorin bin, beginnt in der Osternacht ein besonderer Gottesdienst.

Eine ungewöhnliche Zeit. Ungewöhnlich ist auch der Gottesdienst. Kein Glockengeläut, kein Orgelvorspiel. Nicht mal Licht ist in der Kirche. Jedes Jahr ist das so am Karsamstag: Schweigen und Warten im Dunkeln. Endlich hören wir das Geräusch einer sich öffnenden Tür. Ein Lichtschein blitzt auf. Durch den Mittelgang kommt eine Gruppe junger Menschen. Sie tragen eine große, brennende Kerze. „Christus, Licht der Welt!" singen sie. Wir antworten: „Gott sei ewig Dank!", erst zaghaft, als nähme uns die Dunkelheit den Mut zum Singen, dann kräftiger.

Die Osterkerze wird auf den Osterleuchter gestellt. An ihr entzünden wir die Kerzen des Altars. Menschen kommen und schmücken ihn mit Blumen. Sie entzünden Kerzen am Osterlicht und bringen sie in die Gemeinde.

Dort gibt einer dem andern das Osterlicht weiter und sagt: „Christus ist auferstanden!" Und fast flüsternd kommt die Antwort: „Er ist wahrhaftig auferstanden!"

Das klingt, als ob man miteinander das Losungswort für eine Verschwörung austauscht.

Endlich ist die ganze Kirche vom Kerzenlicht erleuchtet. Die Orgel setzt ein, Menschen singen, umarmen einander, lachen. Wir taufen kleine Kinder und Konfirmanden und feiern miteinander das Abendmahl. Nach dem Segen bleiben wir noch lange im Altarraum zusammen. Wir lassen die Kerzen herunterbrennen, wir essen und trinken, wir reden oder schweigen.

So feiern wir die Osternacht. Es ist eine Nacht der Verschwörung. In einer solchen Nacht stahlen sich die Urväter und -mütter unseres Glaubens, die israelitischen Sklaven, aus der Knechtschaft und schmeckten die Süßigkeit und die Mühen der Freiheit. In einer solchen Nacht geschah das Unfassliche und nicht Vorhersehbare: Jesus Christus, gekreuzigt, gestorben und in ein Grab gelegt, ist dort nicht geblieben. Gott hat ihn herausgeholt aus dem Ort des Vergessenseins. Auferstehung nennt es die Bibel. Vielleicht sollte man besser sagen: Aufstand. Aufstand des Lebens gegen den Tod im Namen Gottes. Nicht gegen den Tod, den einer altersschwach und lebenssatt stirbt. Solch ein Tod kommt ja oft als ein Freund. Nein, Jesus ist gegen die vielen Tode mitten in diesem Leben aufgestanden.

Gegen die Todeskälte unter uns; gegen die brutale Kaltschnäuzigkeit, mit der die Schwachen untergepflügt werden; gegen sinnlose Krankheit und sinnloses Sterben. Für das ungelebte, das verschüttete Leben ist Jesus aufgestanden. Für das Leben, das Gott uns zugedacht hat. Die Bibel verheißt es uns als ewiges Leben.

Nach der Kreuzigung dachten die Menschen, Jesus sei gescheitert. Er sei ein für allemal zum Schweigen gebracht worden. Ostern aber sagt: Jesus schweigt nicht. Er ist nicht vergangen. Er ist gegenwärtig und lebendig. In seinem Namen verschwören sich Menschen für das Leben, gegen den Tod und machen sich gegenseitig Mut zum Leben.

Es hat Osternächte gegeben, in die bin ich selbst todtraurig hineingegangen. Aber mittendrin sprang der Funke über, das Losungswort steckte an: „Christus ist auferstanden." – „Er ist wahrhaftig auferstanden."

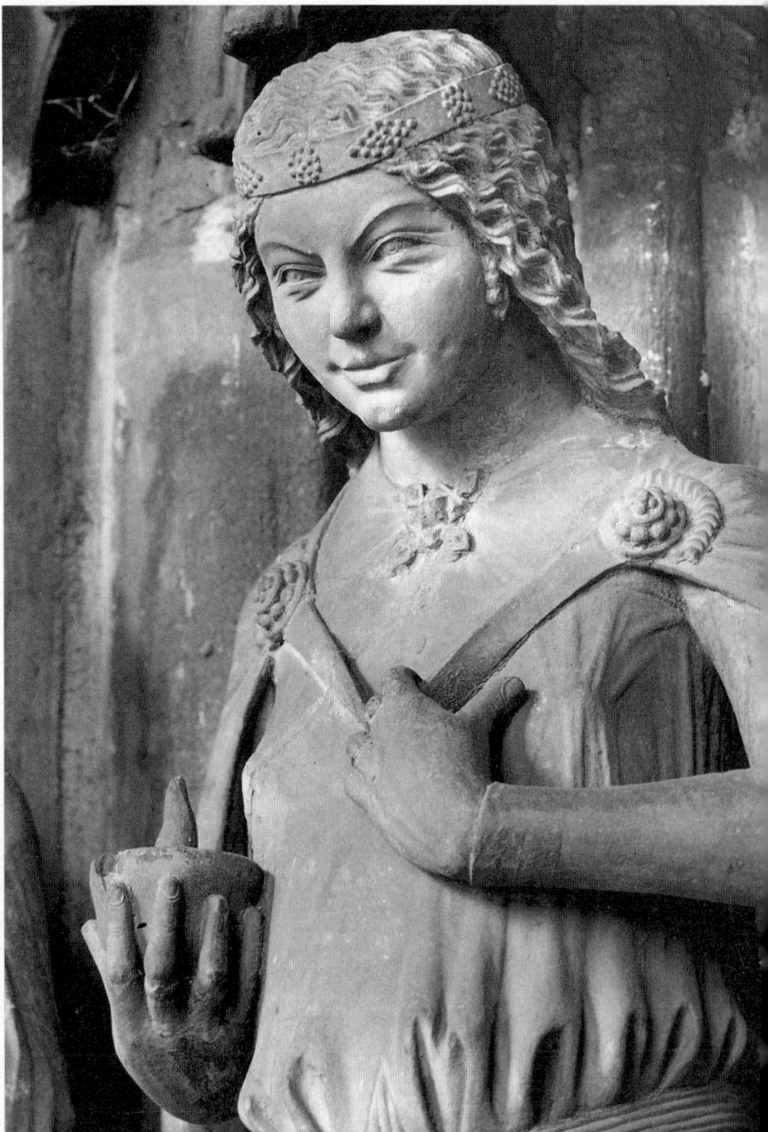

Die klugen und die törichten Jungfrauen in Magdeburg

Kürzlich habe ich wieder meine alte Heimatstadt Magdeburg besucht und war im Dom. Was mich von allen seinen Schönheiten am meisten bezaubert und angerührt hat, das ist ein Portal an der Nordseite des Domes. Man hat es die Paradiespforte genannt.

Paradies, das ist für uns der Inbegriff von Schönheit, Freude und Glück. Und genau das kommt auch in den Figuren zum Ausdruck, die links vom Portal auf zierlichen Konsolen stehen.

Eine von ihnen ist eine schöne junge Frau. Sie hat ihr bestes Kleid angezogen und Schmuck angelegt. Auf ihrem üppigen Lockenkopf trägt sie einen Reif mit zierlichen Blättern. Sie lächelt und schaut zu den anderen jungen Frauen hin, die neben ihr stehen. Auch die sind festlich gekleidet und geschmückt. Die eine scheint übermütig zu lachen; auf dem Gesicht der anderen malen sich eher Staunen und stiller Triumph. Über der ganzen Gruppe liegt eine heitere Aufgeregtheit, als gingen sie zu ihrem ersten Ball. Alle halten Gefäße in ihren Händen wie einen sorgsam gehüteten Schatz.

Auf der anderen Seite des Portals stehen noch einmal fünf junge Frauen. Aber von heiterer Aufgeregtheit keine Spur. Die Erste greift sich im Schmerz an die Brust. Die Zweite schlägt sich mit der flachen Hand an die Stirn, fassungslos. Die Dritte starrt trostlos vor sich hin. Die Vierte wischt sich mit dem Zipfel ihres Mantels Tränen aus den Augen. Ein Bild des Jammers! Und das Gesicht der Fünften spiegelt noch einmal die ganze Verzweiflung und Trauer der Gruppe wider.

Auch diese Fünf tragen Gefäße. Aber ihre Hände sind herabgesunken, als seien die Gefäße, die sie tragen, leer. Und das ist offenbar der Grund ihres Jammers.

Zu einer Hochzeit waren sie eingeladen, alle zehn. Sie sollten den Bräutigam in Empfang zu nehmen und in einem festlichen Zug zum Hochzeitshaus geleiten. Sie warteten am Dorfeingang. Es wurde spät, und sie schliefen ein. Um Mitternacht wurden sie von lauten Rufen aufgeschreckt: „Der Bräutigam kommt!" Da stehen sie auf und greifen nach ihren heruntergebrannten Lampen. Die einen nehmen Öl aus ihrem mitgebrachten Vorrat und füllen ihre Lampen nach. Die anderen aber haben nicht für Vorrat gesorgt. Sie rennen, um den Kaufmann wach zu klingeln. Als sie schließlich mit dem Öl zurückkommen, ist der Bräutigam längst im Hochzeitshaus, und die Tür ist verschlossen. Das Fest findet ohne sie statt.

Diese Geschichte hat Jesus erzählt. Die jungen Frauen sind Sinnbilder unseres Lebens. Es läuft alles auf ein Ziel zu. Auf etwas Neues, auf etwas wie ein Fest. Aber es läuft auch alles auf den Augenblick der Wahrheit zu. Wir werden gefragt werden: „Was hast du mit deinem Leben gemacht?" Und die Wahrheit wird ans Licht kommen. Wird unser Leben dann eine Fülle haben? An Taten der Liebe, an unbeirrbarer Hoffnung, an lebendigem Glauben? Oder wird Leere ans Licht kommen? Wird am Ende die Trauer stehen, um ein verlorenes, vertanes Leben ?

Wann der Augenblick der Wahrheit da sein wird, wissen wir nicht. Es wäre also klug, so zu leben, als wäre jeder Tag der letzte. Oder noch besser, der Erste, an dem wir anders leben als bisher: sorgsamer, weil der Augenblick zählt; ernsthafter, weil das Ende noch aussteht; aber auch fröhlicher, weil Gott am Ende mit uns das Leben feiern will.

Lazarus, komm heraus!

Alle, die mit ihm gekommen waren, erstarrten, als er so plötzlich schrie. Die rhythmischen Trauergesten der Frauen und ihre Klagen erstarben, so wie vor einem Gewittersturm jeder Laut erstirbt. Nur die Luft flimmerte in der Mittagshitze, unerschrocken von diesem Schrei. „Es ist unsinnig", sagte Martha leise zu sich selbst. „Es stört die Ruhe des Todes, dieses Schreien. Seit vier Tagen ist Lazarus im Grab. Er stinkt schon. Was soll da noch ein solches Geschrei? Ja, wärst du eher gekommen, wärst du hier gewesen, mein Bruder wäre nicht gestorben. Aber jetzt?"

Martha blickt nach dem dunklen Viereck der Grabeshöhle. Sie hatten den Eingang mit einem Tuch drapiert, als gelte es, dem Tod noch ein reich fallendes Gewand anzumessen. Wer ist nur auf die Idee gekommen, dachte Martha und starrte auf das weiße Leinen, das unter der Mittagssonne bläuliche Schattenfalten warf wie ein gleißendes Schneefeld.

„Lazarus, komm heraus! Lazarus!" Wie ein Schwerthieb durchschnitt der neuerliche Schrei die Flimmerhitze. Martha fühlte es wie einen Schnitt in ihrem Innern. Die Wunde begann zu bluten, die Wunde der

Trauer. Warum reißt er alles wieder auf? Ich habe gerade angefangen, mich daran zu gewöhnen, dass ich Lazarus nie mehr sehen werde. O Lazarus! Dein Lachen, wenn wir zusammen aßen und tranken! Die Heiterkeit der Mahlzeiten, sie kam von dir. Dein funkelnder Zorn, wenn jemand dir oder mir Unrecht tat. Lazarus! Er soll aufhören, nach dir zu schreien. Er schreit meinen Schrei nach dir. Aber ich bin stumm. Nie könnte ich es über mich bringen, so zu schreien. Es ist gegen alle Ordnung. Es ist gegen die Ordnungen des Todes. Und war es nicht Gott, der diesen Tod verhängt hat?

„Lazarus, komm heraus!" Der dritte Schrei trifft Martha nicht mehr mit gleicher Wucht. Sie ist gewappnet. Ein Wind muss aufgekommen sein, ungewöhnlich in der Mittagszeit. Das kunstvoll drapierte Tuch, das die nackte Grabeshöhle umkleidet wie ein Gewand, bewegt sich leicht in diesem unzeitigen Mittagswind. Aber es ist nicht der Wind. In der geöffneten Höhle über dem Tuch bewegt sich etwas. Weiß, weißer noch als das Totentuch davor, schiebt sich etwas in Binden und Tücher Gehülltes, etwas ganz und gar Eingebundenes, langsam auf den Eingang zu. Ein weißer Kokon, ein verpupptes Etwas kriecht ans Licht. Die Farbe des Grauens ist weiß, schießt es durch Marthas Kopf. In ihr ist alles ein dröhnendes weißes Licht, ein unendlicher blendender Blitz. Das ist der Untergang, das Ende der Welt! Die Toten stehen schon auf! Marthas Seele ringt um Fassung. Aber wozu jetzt noch Fassung bewahren, wenn dies das Ende aller Welten ist?

Aus schier unendlicher Entfernung dringt es an ihr Ohr: „Nehmt ihm die Binden ab, damit er weggehen kann!" „Skalpell, Tupfer, Klammer, Nadel und Faden!" könnte er auch gesagt haben. Martha bewegt sich wie in einem Traum. „Es ist ein Traum", sagt in ihrem Innern eine Stimme, immer wieder. Nur ein Traum ... Martha bückt sich und wickelt die weiße Puppe, dieses Verpuppte, aus all den Tüchern, als hätte sie nie etwas anderes getan. Schält den Bruder Lazarus aus seinem Totenkleid.

Nur ein Traum? Sagt es in ihr. Nein. Wir sind im Traum. Dies hier muss das Leben sein. Er hat ihn ins Dasein gerufen. Wie am Anfang. Durch das Wort. Durch den Schrei. So ist die Welt entstanden. Durch den Schrei Gottes.

Geschichte zu einem Bild von Renate Kornacker, das auf Seite 178 wiedergegeben ist.

Warum ist die eine Hälfte der Menschheit so unvollkommen?

Von Diäten und anderen Frauensachen

Die Macht der Bilder

Haben Sie, liebe Frauen, sich schon überlegt, welche Diät Sie in diesem Frühjahr machen wollen? Es wird ja nun langsam Zeit: Der Fasching ist vorbei, die Fastenzeit hat begonnen, und die Frauenmagazine machen schon seit Wochen Vorschläge für Blitz-Kuren und Fitness-Programme. Da werden Sie doch nicht abseits stehen wollen?

Ins Grübeln kann man allerdings schon kommen. Warum hat der liebe Gott die eine Hälfte der Menschheit nur so unvollkommen erschaffen, dass an ihr immer etwas abzuspecken, anzuheben, zu straffen, zu liften, zu färben, zu schminken und sonstwie zu verschönern ist? Von der anderen Hälfte der Menschheit gilt das ja offenbar in weit geringerem Maß.

Stoff genug für Satiren – wenn es nicht für viele Frauen an die Substanz ginge, körperlich und seelisch. Offenbar stehen gerade wir Frauen unter dem Eindruck, anders sein zu sollen und zu wollen, als wir nun mal sind. An jedem Kiosk begegnen uns die makellosen Gesichter, die Idealfiguren und Topmodelle. Diese Bilder setzen sich in uns fest und schauen mit uns in den Spiegel. Ihre Botschaft lautet: So, wie du bist, bist du nicht gut genug. Wie viele Frauen hassen sich regelrecht selbst, weil sie nicht den Idealen entsprechen, die sich in ihren Köpfen festgesetzt haben! Und übrigens ja auch in den Köpfen von Männern.

Was tun? Protestieren gegen die Flut der Abziehbilder des Weiblichen und gegen die ewigen „Mach was aus dir"-Kuren? Das wird kaum etwas ändern. Ich glaube, es hilft nur, wenn wir Frauen uns vornehmen: Ich will mir nicht mehr vorschreiben lassen, wie ich auszusehen, wieviel ich zu wiegen, wie ich mich zu geben und wie ich zu leben habe.

Aber dann kommt natürlich sofort die Angst in uns hoch: Und wer mag mich dann noch? Ach, wissen Sie, ich wüsste da einiges zu nennen: Erstens gibt es gescheite Männer, die mehr für Originale übrig haben als für Abziehbilder. Andere werden es lernen. Zweitens gibt es Frauen, die in anderen Frauen nicht immer nur Konkurrentinnen, sondern Mitfrauen und Schwestern sehen. Andere werden es lernen. Und drittens hilft vielleicht auch dieser Tipp, den ich einmal in einem alten Schönheitsbuch gelesen habe. „Wenn du morgens in den Spiegel schaust, dann frag nicht ängstlich: ‚Wer ist die Schönste ins ganzen Land?' Schau dir dein Gesicht an. Um die Augen herum sind Fältchen: Wie schön! Offenbar hast du Grund zum Lachen gehabt in deinem Leben. Und die Linien um den Mund: Schwierigkeiten und Kummer haben sie da hineingezeichnet. Erinnere dich: Wer hat das Lachen mit dir geteilt? Wie bist du mit dem Kummer fertig geworden? Wer hat dir dabei geholfen, und wieviel Kraft hast du in dir selbst gefunden? Nimm diese Linien und Falten doch als deine Lebenszeichen. Es wird in der ganzen Geschichte des Kosmos kein Gesicht wie deines und kein Leben wie deines geben. Du bist einzig, eine Linie, in Gottes Hand gezeichnet." Gott fand uns schön und gut, als wir noch keinen Friseur, kein Kosmetikstudio und kein Fitness-Center aufgesucht hatten. Und ich glaube, Gott findet uns auch dann schön, wenn wir alt und schrumpelig oder ein bisschen dick geworden sind. Das ist der Blick der Liebe.

Könnte der uns nicht helfen, liebevoller mit uns selbst umzugehen? Freier zu werden von der Macht der Bilder? Ich finde, das wäre mal ein gutes Trainingsprogramm für die Fastenzeit!

Abtreibung

Der Streit geht weiter: der Streit um den § 218, der Streit um die Abtreibung. Ich finde es gut, dass wir darum streiten. Schließlich geht es um den Wert, das Recht und den Raum, den das Leben bei uns haben soll.

Immer mehr Frauen melden sich in diesem Streit zu Wort, und nicht nur Ministerinnen. Auch das ist gut so. Warum sollen fast ausschließlich Männer in dieser Frage reden und urteilen? Es sind doch die Frauen, die mit ihrem Leib und Leben für ein neues Leben einstehen müssen. Und da will es mir nicht in den Kopf, dass den Frauen zwar zugemutet wird, Verantwortung für neues Leben zu übernehmen, dass ihnen aber keine Vollmacht, keine Entscheidungsbefugnis zugebilligt wird.

Im Gegenteil: Oft wird immer noch über Frauen geredet, als wären sie nur Instrumente zum Austragen des ungeborenen Lebens, und als sei dieses Leben ein abstraktes Rechtsgut, das man losgelöst von der Frau betrachten kann. Und wenn sie sich aus Not und oft, weil sie von Männern dazu genötigt oder einfach allein gelassen werden, gegen ein Kind entscheiden, wirft man mit Steinen und brandmarkt sie als verantwortungslos oder gar als Mörderinnen.

Eine erfahrene Beraterin sagte mir. „Die meisten Frauen würden nicht abtreiben, wenn das Drumherum anders wäre." Zum „Drumherum" gehört z. B. auch die Wohnungsnot. Neulich besuchte ich eine Familie, die gerade wegziehen will und deshalb einen Nachmieter sucht. Der Familienvater zeigte mir einen Packen Zuschriften: „Achtzig Prozent", sagte er," sind Familien mit zwei oder drei Kindern, die verzweifelt eine Wohnung suchen. Aber ich darf nur jemanden als Nachmieter präsentieren, der keine Kinder hat." Wohnungsnot, Mangel an Kindergartenplätzen, Nachteile im Beruf und beim Wiedereinstieg ins Erwerbsleben: das alles gehört zum „Drumherum", das unbedingt anders werden muss.

Mit Druck und Strafandrohung ist das Problem der Abtreibung nicht zu lösen. Unsere Einstellung zum Leben muss sich ändern. Und damit meine ich das Leben von geborenen und ungeborenen Kindern und das Leben von Frauen. Sie dürfen in diesem Konflikt nicht gegeneinander ausgespielt werden. Werdendes Leben kann nur mit der Frau, nicht gegen sie geschützt werden. Dazu muss ihr endlich in vollem Umfang die

Würde zuerkannt werden, die sie von Gott her hat. Zu dieser Würde gehört auch die Entscheidungsfähigkeit.

Dabei kann es dahin kommen, dass eine Frau keinen anderen Weg für sich sieht als den der Abtreibung. Es ist eine bittere Sache, neues Leben nicht annehmen zu können. Viele Frauen empfinden es als Schuld. Aber auch diese Schuld können und dürfen Frauen vor Gott bringen. Ich glaube, dass Gott in und mit ihnen darüber weint und trauert – und doch ihr Freund bleibt, ja, sich schützend vor sie stellt.

So hat es jedenfalls Jesus getan, als man eine Frau vor ihn brachte, die sich gegen die Sexualmoral vergangen hatte. Jesus sagte den Männern, die sie steinigen wollten: „Der Sündlose unter euch werfe den ersten Stein." Da gingen sie alle davon. Und das ehrt sie.

Es ist Zeit, die Steine aus der Hand zu legen und diese Gesellschaft so frauen- und kindergerecht zu gestalten, dass Frauen für ihr eigenes und für neues Leben Raum finden können.

Internationaler Frauentag

Am 8. März 1909 gingen in New York 20 000 Hemdennäherinnen auf die Straße und demonstrierten für bessere Lebens- und Arbeitsbedingungen, für Mutterschutz, für das Frauenwahlrecht und den Achtstundentag. Zwei Jahre später, 1911, wurde der erste Internationale Frauentag begangen. Auch in Deutschland.

Seit dieser Zeit findet er jährlich statt. Vielleicht hat mancher gedacht, das sei nun überflüssig. Frauen hätten doch erreicht, was sie wollten. Wirklich? Die Krise auf dem Arbeitsmarkt trifft viel mehr Frauen als Männer. Die Familien- und Erziehungsarbeit geht nach wie vor einseitig zu Lasten der Frauen.

Von Chancengleichheit im Beruf, im öffentlichen Leben oder gar in Leitungsämtern kann keine Rede sein, auch in den Kirchen nicht. Armut ist überwiegend weibliche und kindliche Armut, weltweit und auch bei uns. Dass über die Strafbarkeit von Vergewaltigung in der Ehe im Deutschen Bundestag überhaupt noch verhandelt werden musste, ist ein Skandal. Natürlich: Gemessen am Elend von Frauen weltweit geht es den Frauen hierzulande deutlich besser. Aber besser ist noch nicht gut.

Da ist zum Beispiel die junge Frau, die ihr Studium abbrechen musste, weil sie ein Kind bekam. Sie schreibt: „Ich sitze hier in einer engen Sozialwohnung wie in einem Gefängnis und finde keinen Ausweg. Ich habe keine Berufsausbildung, die es mir ermöglichen könnte, mit einigermaßen Spaß mein Geld zu verdienen. Was ich wirklich gelernt habe, ist Erziehungsarbeit; aber das interessiert in dieser Gesellschaft niemanden ... Schlimm sind vor allem die Wochenenden. Da leben andere in ihren Familien oder mit ihren Partnern zusammen. Wir haben nicht mal das Geld, um etwas Schönes zu unternehmen ... Wenn eine Alleinerziehende selbst für ihr Kind sorgen will, dann muss sie sich mit dem Existenzminimum begnügen. Wenn ich bedenke, wieviel Leid hier auf der Erde vor allem Kinder und Frauen erleben, dann kann eine Frau, die ungewollt schwanger wird, mit gutem Gewissen die Seele dieses Kindes zu Gott zurückschicken. Es soll dann wiederkommen, wenn hier ein Leben in Liebe und Glück möglich ist."

Solange solche Briefe geschrieben werden müssen, sind Internationale Frauentage nicht überflüssig, sondern bitter notwendig. Aber nicht nur sie. Gestern vor einer Woche haben Frauen weltweit auch den Weltgebetstag begangen. Er ist übrigens noch älter als der Internationale Frauentag. Christliche Frauen bringen die Not ihrer Schwestern vor Gott und versuchen, so zu handeln, dass Gott Gestalt annimmt, ihre Hände und Füße bekommt. Denn das Elend von Frauen ist keine gottgewollte Ordnung, sondern himmelschreiendes Unrecht. Es muss eine Welt möglich sein, in der Frauen nicht mehr unterdrückbar sind, weil sie gelernt haben, sich zu wehren, und in der Männer es nicht mehr nötig haben, Frauen klein zu machen, damit sie selbst groß rauskommen. „Es ist noch nicht erschienen, was wir sein werden", heißt es im Neuen Testament. Auch, was wir als Frauen und Männer sein werden, ist noch nicht erschienen. Es steht immer noch aus. Gottes guter Wille muss erst noch zum Zuge kommen. Nicht in Good-Will-Aktionen und Trostpflästerchen wohlmeinender Männer. Es geht um Gerechtigkeit.

Die Kranichfrau

Begegnungen

Die Kranichfrau

Sie ist keine mythologische Gestalt. Sie ist ein Mensch aus Fleisch und Blut. Sie ist um die fünfzig und immer noch eine schöne Frau. Seit drei Jahren lebt sie mit einem aggressiven Krebs. Viele Male ist sie operiert worden. „Die Ärzte wissen nicht, wo sie noch schneiden sollen," sagt sie. – Kranichfrau nenne ich sie insgeheim seit einem Besuch im letzten Jahr. Es war ein klarer, kühler Herbstnachmittag. Wir standen am Fenster und schauten in den Garten, als fast über unseren Köpfen ein Zug Kraniche in exakter Keil-Formation das Haus überflog. Der Kranich an der Spitze zog die anderen Kraniche förmlich hinter sich her.

„Genau so fühle ich mich, wie der Kranich an der Spitze," sagte die Frau, als der Zug außer Sicht- und Hörweite war. Ich verstand nicht gleich, was sie meinte. „Jeder Tag," sagte sie, „ist für mich ein Kampf. Früher dachte ich mir beim Aufstehen gar nichts. Ich stand einfach auf, das war's. Ich verschenkte keinen Gedanken daran. Heute muss ich mich, noch während ich im Bett liege, genau auf den Tag einstellen. Ist mein Körper mir heute gnädig? Oder verweigert er mir den Dienst? Ist er friedlich oder rebellisch, stark oder schwach? Welches Gesicht hat der Tag für mich? Jeder

Tag ist wie ein unbekanntes Land. Ich kann nicht an das Gestern anknüpfen und kann das Heute nicht hochrechnen ins Morgen. Eigentlich kann das ja kein Mensch. Aber die meisten merken es nicht. Sie glauben, was gestern war, das müsse heute und morgen auch so sein. Gar nichts muss, das habe ich begriffen. Jeden Tag neu nehme ich den Kampf mit dem Krebs auf. Ich hänge am Leben, und ich fühle mich wahnsinnig lebendig. Und was mich am meisten überrascht: Um mich herum sind Menschen, denen ich in meiner Hinfälligkeit etwas bedeute. Nicht als eine arme Kranke, zu der man nett sein muß. Sie kommen und fragen mich um Rat, als wäre ich eine weise Frau. Ich habe das Gefühl, ich kämpfte für sie mit. Ich! Obwohl sie gesund sind und ich krank."

Sie zeigte mit der Hand in den nun leeren Himmel: „Sie glauben gar nicht, wie anstrengend es ist, der Kranich an der Spitze zu sein. Er muss unheimlich viel ziehen. Im Grunde kämpfe ich mit Gott um mein Leben. Das sehen die anderen nicht. Sie sehen nur, dass ich sehr intensiv lebe." Scheinbar unvermittelt wechselte sie das Thema: „Wissen Sie, was mir Mühe macht? Dass Jesus in Gethsemane solche Angst gehabt hat. Dass *wir* Angst haben – klar. Aber er war doch Gottes Sohn. Hätte er da nicht drüberstehen müssen?"

„Jesus war in Gethsemane da, wo vor ihm noch keiner war," sagte ich. „Er musste erst ausprobieren, dass uns nichts von Gott trennen kann. Vielleicht hat der Kranich auch so etwas wie Angst, wenn er in unbekanntes Land fliegt." „Dann wäre Jesus auch ein Kranich an der Spitze?" lachte sie. Und dann, sehr ernst: „Ja. Warum eigentlich nicht?"

Am Ende kam das Gespräch noch einmal auf die Kraniche zurück: „Ich merke, es ist doch ein bisschen anders." sagte sie. „Der Kranich an der Spitze *zieht* die andern – aber die, die hinter ihm herfliegen, *schieben* ihn auch. Durch die Flugformation geben sie Kraft nach vorne durch, bis zu ihm. Sie lassen ihn spüren: Du fliegst voran, aber wir sind dicht hinter dir. Du bist da vorne nicht allein. Und wenn dich die Kräfte verlassen, dann lass dich ruhig mal zurückfallen; lass dich eine Zeit lang von uns mitziehen, bis du wieder stark bist."

Seit diesem Herbsttag nenne ich sie die Kranichfrau. Ich bin wie einer von den anderen mitfliegenden Kranichen. Sie fordert mich heraus mit ihren bohrenden Fragen nach dem Sinn ihres Leidens. Ich versuche, ihr Schubkraft zu geben. Wir sprechen oft über Jesus in Gethsemane und über die Auferstehung. Wir feiern miteinander bei ihr zu Hause das Abendmahl. Die Kranichfrau lebt schmerzvoller und glücklicher als die meisten Menschen, die ich kenne.

Wie gut kann doch das Leben sein, wenn wir es wagen, seine Herausforderungen wirklich anzunehmen!

Vögel unter dem Himmel, Lilien auf dem Felde

Fast jeden Morgen, wenn ich durch die noch menschenleere Innenstadt zum Dienst gehe, begegne ich Heinrich L. Wie aus dem Ei gepellt sieht er aus: gut sitzender grauer Anzug, Krawatte, blank geputzte Schuhe. Oft trägt er einen Hut. Ein gepflegter alter Herr. Wenn er mich sieht, fangen seine immer noch klaren blauen Augen an zu strahlen. Er begrüßt mich überaus herzlich und macht eine leichte Verbeugung. Wir unterhalten uns über das Wetter, den Tag, über dies und das. Ein paar Minuten nur. Dann verabschieden wir uns wie alte Freunde und gehen unserer Wege.

Mehr als einmal schon hat diese morgendliche Begegnung mir einen Tag, von dem ich nicht viel Gutes erwartete, aufgehellt, als ginge die Sonne für mich ganz persönlich auf. Mittlerweile weiß ich, wo er wohnt, und dass er etliches über achtzig Jahre ist. Er weiß von mir nichts. Es hätte auch wenig Sinn, ihm meinen Namen zu sagen. Er würde ihn sofort wieder vergessen. Denn Heinrich L. ist geistig verwirrt. Auf genau die gleiche freundliche Art wie mit mir spricht er mit anderen, die ihm vom Gesicht her vertraut sind. Alle, die hier wohnen, kennen ihn. Wenn er mal vor seiner Haustür steht und einfach nicht weiß, welcher von seinen Schlüsseln ins Schloss passt, dann hilft ihm jemand, die Tür aufzuschließen.

Dass er wie ein Kavalier der alten Schule aussieht, das hat seinen guten Grund: seine Frau. Sie achtet ihn, und sie achtet auf ihn. Einfach ist das Leben mit ihm für sie nicht. „Mir fehlt das Gespräch," sagt sie. „Ich kann ja nichts mehr mit ihm teilen. Er ist da – und ist es auch wieder nicht." Aber sie nimmt die Situation, wie sie ist, mit Gelassenheit. „Heute ist heute," sagt sie. „An morgen denke ich jetzt lieber nicht. Jeder Tag hat seine eigene Plage." Ob sie weiß, dass das ein Wort Jesu aus der Bergpredigt ist? „Seht die Vögel unter dem Himmel an," hat Jesus auch gesagt. „Sie säen nicht, sie ernten nicht, sie sammeln nicht in Scheunen, und euer himmlischer Vater ernährt sie doch. Seid ihr nicht viel mehr wert als sie?"

Ein bisschen was hat Heinrich L. von den Vögeln unter dem Himmel und den Lilien auf dem Felde. Nach Jahren der Verantwortung, in denen er eine gute Position bekleidet hat, ist er jetzt wieder wie ein Kind, das sorglos und vertrauensvoll seine Tage verbringt. Wenn ihm bewusst wäre, wie abhängig er von anderen Menschen ist, dann würde ihn das vielleicht sehr belasten. Gottlob weiß er es nicht. Er darf sein Leben leben. Er wird getragen von einem Netz der Treue und der aufmerksamen Verlässlichkeit. Wenn es dieses Netz nicht mehr gäbe, dann wären wir arm dran. Denn das viel zitierte soziale Netz kann wohl das Existenzminimum sichern; die Zuwendung aber, die jeder Mensch braucht, bringt es nicht. Sie muss aus einem anderen Geist erwachsen als den ewigen Kosten-Nutzen-Rechnungen, denen heute alles unterworfen wird.

Heinrich L. braucht das Netz einer lebendigen Gemeinschaft. Aber die braucht auch Menschen wie ihn. Ich brauche die Begegnung mit ihm. Er erinnert mich daran, dass das Leben nicht nur aus Arbeit und Hetze, aus Herausforderungen und Problemen besteht. Wenn ich mit ihm rede, dann ist es für Augenblicke so, als säße ich mitten in einer Frühlingswiese, von der Sonne beschienen. Er erinnert mich auch daran, dass ich meine Zukunft nicht kenne. Werde ich gesund sein? Werde ich sein wie er? Werde ich irgendwo in einem Heim in einem Gitterbett liegen? Ich weiß es nicht. Er erinnert mich daran, wie gut das Heute ist.

Tränen am Karfreitag

Es war am Karfreitag. Der Gottesdienst war zu Ende. Ich hatte am Ausgang die Gemeinde verabschiedet und wollte nun zurück in die Sakristei. Er kam mir im Mittelgang entgegen. Vom Sehen kenne ich ihn schon lange, weil er oft im Gottesdienst ist. Mit seinem Lockenkopf und dem nachdenklichen Zug im Gesicht erinnert er mich an die Apostelfiguren des Bildschnitzers Tilman Riemenschneider.

Als wir uns im Mittelgang trafen, sah ich, dass ihm Tränen über die Wangen liefen. Noch nie hatte ich ihn so gesehen. Ich war erschrocken. Offenbar wollte er seine Tränen vor mir verbergen und drückte sich mit einem flüchtigen Gruß an mir vorbei. „Das geht so nicht", dachte ich. Ich machte kehrt, ging hinter ihm her und sprach ihn an: „Sie sehen so traurig aus. Kann ich Ihnen irgendwie helfen?" Er schüttelte stumm den Kopf. „Aber es muss doch etwas sein!", sagte ich. „Ich kann Sie doch so nicht gehen lassen. Fast jeden Sonntag sind Sie hier im Gottesdienst." „Es ist nichts Besonderes mit mir los," sagte er schließlich. „Nur", sein Blick ging über mich hinweg zum gotischen Schnitzaltar, der in unserer Kirche steht, „es ist, weil heute Karfreitag ist. Ich bin so traurig über diesen Tag." Dabei liefen ihm wieder Tränen übers Gesicht. Er murmelte noch etwas wie einen Gruß, drehte sich um und ging.

Mein Erstaunen über diese Begegnung hält bis heute an. Nicht, weil da einer in der Kirche geweint hat. Das kommt häufiger vor. Fast immer sind es persönliche Probleme, die Menschen zum Weinen bringen, ausgelöst durch einen Choral, ein Gebet, ein Wort der Bibel, einen Satz in der Predigt, durch die Atmosphäre und oft auch durch die Orgelmusik. Da löst sich etwas, das vorher aufgestaut oder verschüttet war. Die Kirche ist nicht der schlechteste Ort zum Weinen.

Nein, nicht weil da einer geweint hat, sondern worüber er geweint hat: das ist es. Der Mann mit dem Riemenschneider-Kopf weinte über das Leiden und den Tod Jesu. Das ging ihm an die Nieren. Das traf ihn so unmittelbar, als wäre es das Geschick des eigenen Bruders. Ich fühle mich an meine eigene Kindheit erinnert. Der Karfreitag ging auch mir nah. Ich sehe mich noch an einem dieser stillen Nachmittage auf einem Fußbänkchen sitzen und Passionsbilder von Albrecht Dürer betrachten. Aber das war in einer anderen Zeit. Dass ein Mensch von heute, wo sich so viele ausschließlich um sich selber kümmern, wo möglichst alles „light" sein muss und vieles nur noch seicht ist;

dass sich da einer durch das Leiden Jesu Christi zu Tränen bewegen lässt: das ist nicht selbstverständlich. In der so genannten Erlebnisgesellschaft wird kaum etwas intensiv erlebt, weder Freude noch Schmerz. Tränen werden versteckt und verdrängt. Es herrscht eine Anästhesie der Gefühle, eine Taubheit der Empfindung, wie man sie erlebt, wenn einem ein Fuß eingeschlafen ist. Ja, vielleicht ist uns die Seele eingeschlafen.

Und da kommt einer und weint über ein Geschehen, das vor 2000 Jahren geschah! Kein bisschen „cool", wie es heute doch verlangt wird! Er lässt fremdes Leid an sich heran und in sich hinein. Vielleicht hat er das von Jesus selbst gelernt. Von ihm wird oft erzählt, er habe Erbarmen gefühlt, manchmal sogar geweint. Bis an die Nieren ging ihm der Anblick von fremdem Leid.

In der Bibel sind starke Gefühle ein Zeichen von Gottes Gegenwart. Zartheit und Zorn, Traurigkeit und Wahnsinnsfreude, beides hat mehr mit Gott zu tun, als wir „coolen" Christen von heute wahrhaben wollen. Die abgestandene Langeweile, das unechte Freundlichsein, das alles ist ihm ein Gräuel, vermute ich. Wenn wir es wagten, zu unseren wahren Gefühlen zu stehen, vielleicht würde man uns dann auch unser Christsein wieder eher glauben.

Mit dem Kopf durch die Wand?

„Wenn Gott dir eine Tür zuschlägt, öffnet er dir ein Fenster." Am liebsten würde ich dieses russische Sprichwort in die Bibel aufnehmen.

Vor einiger Zeit zitierte ich dieses Sprichwort in einer Predigt. Am Nachmittag klingelte das Telefon. Eine Frau meldete sich. Ihre Stimme klang fröhlich. „Ich musste Sie unbedingt anrufen. Ich gehöre nicht zu Ihrer Gemeinde, war heute eher zufällig in Ihrem Gottesdienst. Sie haben mit diesem russischen Sprichwort, ohne es zu ahnen, meine Geschichte erzählt. Wollen Sie sie hören?" Dann erzählte sie von ihrer kinderlos und leer gebliebenen Ehe und von ihrer großen Liebe zu einem anderen verheirateten Mann. Nach Jahren der Heimlichkeit erfuhr ihr Mann von dem Verhältnis. Tief verletzt reichte er die Scheidung ein. Sie sei insgeheim erleichtert gewesen und habe geglaubt, sie sei nun am Ziel ihrer Sehnsucht und das große Glück stehe unmittelbar bevor. „Damals," erzählte sie, „entdeckte ich auf einem Kalenderblatt diesen Spruch, den Sie zitiert haben. Ja genau, so ist es, dachte ich beglückt: Gott hat mir die Tür meiner leeren, unglücklichen Ehe zugeschlagen. Jetzt öffnet er mir endlich das Fenster dieser großen Liebe. Mir wird die ganze Welt neu aufgehen. Ich fühlte mich durch diesen Spruch geradezu geleitet und bestätigt auf meinem Weg, verstehen Sie?"

Aber dann kam alles anders. Der Mann, den sie liebte, fühlte sich an seine Familie gebunden. Sie bestürmte, bedrängte, belagerte ihn. Ihre heimlichen Treffen hatten bald nur noch dieses eine zermürbende Thema. „Wir haben uns gegenseitig kaputt gemacht. Von der Leidenschaft und Zärtlichkeit des Anfangs war am Ende nichts mehr da. Ich habe mich selbst in dieser Zeit von einer ziemlich finsteren Seite kennen gelernt. Wenn ich heute von Eifersuchtsdramen in der Zeitung lese, dann wundere ich mich nicht mehr. Der Mensch ist zu allem fähig. Auch ich."

Nach Jahren der Qual auf beiden Seiten zog er schließlich einen Schlussstrich. Sie stürzte in tiefe Verzweiflung, glaubte, sie könne ohne diesen Mann nicht mehr leben. Monatelang war sie im Elend. Da begegnete sie eines Tages durch Zufall – „aber was heißt schon Zufall!" lachte sie am Telefon – einem anderen Mann. Sie wurde auf ihn aufmerksam, weil etwas an ihm sie an den verlorenen Geliebten erinnerte. Und als sie merkte, dass er doch ganz anders war, hatte diese neue Liebe längst Wurzeln in ihrem Herzen geschlagen.

„So ist Gott mit mir umgegangen," sagte sie. „Jahrelang habe ich geglaubt, das Fenster zu kennen, das er mir geöffnet hat. Heute weiß ich: Da, wo ich es vermutete und suchte, ist nie eins für mich gewesen. Da war die blanke Wand. Ich wollte mit Kopf und Herz durch die Wand – und habe doch nur mich selbst und andere verletzt. Und als ich wirklich am Ende war, da ist mir mein Fenster geöffnet worden, eins, das ich nie von selbst gefunden hätte. Man hat im Grunde doch gar keinen Überblick über das eigene Leben."

Wir schwiegen eine Weile. Dann fragte ich sie: „Sind Sie Gott gram, weil er Ihnen das ersehnte Fenster nicht geöffnet hat?" „Ich war es, und wie!", sagte sie. „Und heute bin ich heilfroh darüber, dass Gott – entschuldigen Sie den Ausdruck – so stur geblieben ist. Wer weiß, was ich in meinem Dickkopf noch alles angerichtet hätte. Da stand wohl wirklich Gottes Sturheit gegen meine. Ich bin heute übrigens sicher: Wir wären nie glücklich geworden miteinander, mein Geliebter und ich. Da war so viel Ballast, da waren so viele Schuldgefühle, wir wären die Vergangenheit nie losgeworden. Und wer weiß, vielleicht hätten wir uns bei der ersten Krise genau dies alles vorgerechnet – und wären daran zerbrochen. Nein, Gott hat es in jeder Hinsicht besser mit mir gemeint als ich selbst."

Die Furt

Er hatte an alles gedacht. Schon Tage, bevor sie an die Furt kamen, wo man den reißenden Fluß überqueren konnte, hatte er die Habe der großen Familie gut verschnüren lassen. Er hatte die Schafe und die Ziegen aufgeteilt und den Hirten zugewiesen. „Ihr müsst sie heil hinüberbringen! Dass mir nur ja keines ins tiefe Wasser gerät!" Die kleinen Kinder sollten von den Müttern getragen werden, die größeren mussten sich in ihrer Nähe halten.

In einer mondlosen Nacht brachen sie auf. Schwarz lag der Fluss vor ihnen. Jakob ging als erster voran, wies den anderen den Weg, blieb in der Mitte der Furt stehen und wartete, bis alle an ihm vorbeigezogen waren: die Herden und Hirten, die Lastesel, die Frauen und die Kinder. Jakob sah, dass sie alle das andere Ufer erreicht hatten. Er wollte ihnen folgen, aber etwas nötigte ihn, zurückzugehen zum Ufer – als wäre da noch etwas liegen geblieben, das er holen wollte.

Und dann stand sie groß und drohend vor ihm, diese Nachtgestalt, und riss ihn zu Boden. Sie schnürte ihm mit Riesenfäusten die Kehle zu, sie kniete wie ein Alb auf seiner Brust und ließ ihm die Sinne schwinden.

„Mit vierhundert Mann ist er im Anmarsch! Mich wird er sofort totschlagen, die Frauen und Kinder zu Sklaven machen. Er hat die alte Kränkung, den gestohlenen Segen, nicht vergessen und vergeben, nicht er, Esau! Wie konnte ich so dumm sein und zurückkehren wollen. Ihm auch noch eine Botschaft schicken!" Jakob rang mit seiner Angst, eine ganze Nacht lang. Sie schlug ihm die Kraft aus den Beinen; sie rannte gegen ihn an.

Der Morgen graute, und Jakob lag am Boden, zerschlagen an Leib und Seele. Da dämmerte ihm: Es ist nicht nur die Angst, mit der ich zu kämpfen habe. Von Gott bin ich zu Boden geworfen, auf Gott zurückgeworfen. Jakob drehte den zerschlagenen Leib zur Erde hin, auf der er lag, und breitete die Hände aus: „Gott, alles, was ich mir erlistet, erarbeitet und erkämpft hatte, ist mir in dieser Nacht abhanden gekommen. Aber du Gott, geh nicht weg von mir, lass dein Antlitz über mir aufscheinen."

Jakob stand auf. Vor ihm lag im ersten Licht der Morgensonne die Furt. Er schloss die Augen und spürte die Wärme der Sonne auf seinem Gesicht. Pnuel, Angesicht Gottes, ging es ihm durch den Kopf. Jakob ging über die Furt, dem Bruder Esau entgegen.

Das Blau

Fantasien zu Bildern von Renate Kornacker

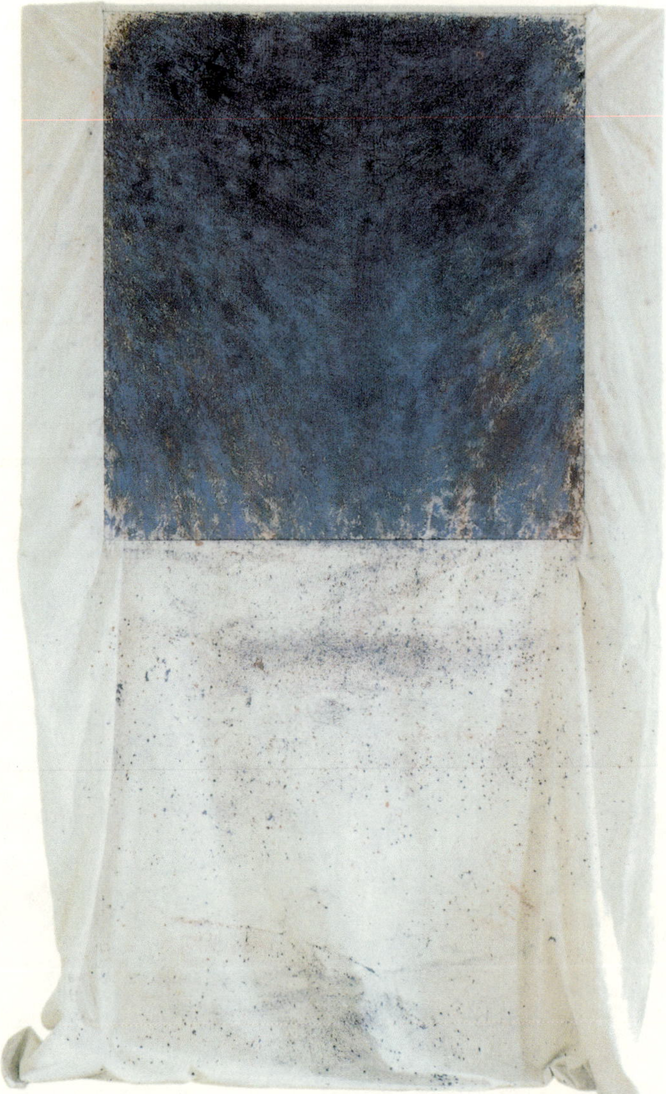

Nachtgespräch

„Warte einen Augenblick", sagte ich. „Das Fenster ist sehr hoch, ich will auf einen Stuhl steigen." „Ist gut", sagte er, „aber sei vorsichtig. Das Tuch. Du weißt schon." Vorsichtig stellte ich einen Stuhl an die Wand der Kirche, lehnte die Lehne sehr sanft gegen das blaue Tuch, das herabhing bis auf die Erde, stieg auf den Stuhl und schaute hinaus.

„Wie nah du bist! Das hätte ich nicht gedacht, dass du so nah bist. Gleich hinter der Mauer. Ich male mir ein Fenster, schaue hinaus und du bist da." – „ Ja, immer näher, als du denkst", sagte er und lachte leise. „Wie darf ich dich anreden?" – „So wie immer. Oder wie du willst. Es ist nicht wichtig, wie du mich anredest. Schön, dass wir überhaupt zusammen reden". Ich streckte eine Hand aus, in das Blau hinein. „Erreiche ich dich? Ich weiß nicht, wo du anfängst und wo du aufhörst. Hörst du überhaupt irgendwo auf?" – Wieder ein leises Lachen aus dem Dunkel vor mir. „Willst du mich jetzt definieren, mich einfangen in deine Grenzen? Ich bin hier. Was willst du mehr?" – Beschämt zog ich meine Hand zurück. „Verzeih, ich war zudringlich". – „Lass es gut sein." Ein Anflug von Trauer war in der Stimme. „Wir haben es schwer miteinander. Viel zu viele Missverständnisse." – „Das stimmt. Aber nicht nur Missverständnisse. Manchmal möchte ich dich streicheln. Dann ist so viel Zärtlichkeit für alles in mir, dass ich nicht weiß, wohin damit. Eintauchen in dein Blau. Ganz eingehüllt sein. Ich glaube sogar, ich bin es dann wirklich. Und dann möchte ich dich boxen, schlagen, dich anschreien. Mich von dir distanzieren. Und manchmal bist du nur rot. Caput mortuum. Dann erschlägst du mich. So geht das immer hin und her. Ein Kampfgetümmel zwischen dir und mir, solange ich denken kann. Geht es dir ähnlich? Oder bist du abgeklärt, stehst über den Dingen – und über mir?"

Es war sehr still. Nur das Blau leuchtete vor mir mit unverminderter Kraft. Es umgab mich. Es packte mich, zog mich in einen strudelnden Strom hinein, in einen Kosmos von glühendem Blau. Gestalten tanzten an mir vorbei. Ich versuchte mich zu erinnern, ob ich so etwas je gesehen hatte; verglich es mit den Bildern in mir. Aber ich konnte nichts festhalten. Ich wurde leicht wie eine Feder, ein Gedanke nur noch. Ich war ein Gedanke, hervorgehend und zurückflutend in dieses Meer von Blau.

„Du bist ein Tanz, ein Gesang, ein Sog, ein Wind, ein Dämmern und Untergehen," sagte ich in das Dunkel hinein, als ich an meinem Knie wieder die Kühle des Tuches spürte. „Ja, auch das. Geh jetzt heim. Du bist müde. Gleich fällst du von deinem Stuhl."

Es stimmte. Ich war plötzlich müde und schwer, hatte nur noch das Bedürfnis zu schlafen. – „Du?" – „Ja?" – „Wärst du doch … " – „Was?" – „Ach, nichts. Eine Hängematte. Oder eine Hand, in die ich hineinpasse." – „Versuch es doch. Aber achte beim Hinuntersteigen auf das Tuch."

„Das Tuch. Wozu ist es da? Brauchen wir es?" – „Es ist ein Vorhang. Er wird sich öffnen, am Ende." – „Am Ende, sagst du? Vorhänge öffnen sich doch am Anfang." – Ja, das ist richtig. Das Ende ist der Anfang."

Beim Hinabsteigen vom Stuhl streifte ich vorsichtig die kühle Leinwand des Tuches. Es war voller Verheißung.

Das Blau

Das Blau kommt über das Rot
Es wühlt sich hinein
Es beißt sich, krallt sich fest im Rot
Es dringt in die entleerten Adern
In die ausgetrockneten Flussbetten des Lebens
Es zeichnet eine Landschaft neuer Haut
Neuer Äderchen, Höhen und Tiefen
Ein Gebirge blauen Lebens
Faltet sich auf
Nach dem Tertiär
Des roten Todes
Rot der Tod
Haut blaut
Himmel blaut
Barmherziges Blau
Gottes Bläue
Bedeckt die Erde
Bedeckt das Rot
Hebt auf den mennigeroten Tod

Hebt ihn auf?

Es vermählt sich mit ihm
Zieht an, saugt auf, frisst den Tod in sich hinein

Wächst nach allen Seiten
Zur Lebensgröße
In Menschenmaß

Durchleuchtet

Was du in einem Augenblick siehst
Ist nicht das Ganze
Du bleibst an der Oberfläche
Wenn du mit einem Blick meinst
Das Wesentliche zu erfassen

Immer ist das so

Das Eigentliche liegt nie am Tage
Immer darunter
Und darunter
und noch weiter unten

Schau das Blau

Das Blau ist schon eine Welt für sich
Helldunkel
Hochtief
Abgrund und Höhe
Fläche und Linie

Hinter dem Blau
Das Rot
Caput Mortuum

Zwischen den Zeilen
Leuchtet es auf
Wie der Tod
In den Ritzen
Des Lebens
Oder das Leben
In den Nischen
Des Todes

Und da
Und dort
Weiß
Und da und dort
Dahinter
Eine Struktur, eine Gestalt,
Ein Geheimnis
Ein Körper hinter den Körpern
Eine Reihe von Rippen
Wie bei einer Durchleuchtung
Oder ein Gesicht
Das sich zusammenfügt
Um gleich wieder zu zerfließen
Oder doch ein Körper
Hinter all dem Blau und Rot
Ein Körper, hängend
Einer wie am Kreuz

Wäre das der letzte Grund auf den wir stoßen
Wenn wir lernen
Die Welt zu durchschauen?

Kreuzform

Wie mit Spinnwebfäden hat die Künstlerin
in den Raum hineingespannt

Das Kreuz

Es war so fern

Und wir so sicher vor ihnen
Die da zwischen Himmel und Erde hängen
Er mit den beiden zur Rechten und zur Linken
Entrückt in den Raum des Allerheiligsten
Anbetungswürdig und lebensfremd
Unnahbar und auf Distanz

Und im Freiraum der Welt davor
Ließ es sich ganz gut leben
Riskierend einen Blick aus den Augenwinkeln
Auf den gekreuzigten Gott
Gelegentlich
Im Freiraum davor
Zelebrierend den Duft der Liturgie
Sursum Corda
Ite missa est
Geht endlich in Frieden

Jetzt aber ist alles anders
Eingesponnen
Sind wir in den
Kokon des Kreuzes
Plötzlich ist kein Entrinnen
Wer sich hineinbegibt
Ins fein Gefädelte
Riskiert Gemeinde zu sein
Hineingezeichnet finde ich mich
In die Kreuzform Leben
In die Wegekreuzung von innen und außen
Oben und unten
Ich spüre
Wie eine neue Gespanntheit
Von mir Besitz ergreift
Eingesponnen in
kreuzförmiges Leben
Gespannt auf das
was sein wird

Der blaue Schatten des Himmels

In Hiroshima
– oder war es in Pompeji? –
hat sich ein menschlicher Schatten
abgebildet auf einem
Stück Mauer
Unfassbar:
Ein Schatten, flüchtige Nichtgestalt,
Abschattung nur von Dagewesenem,
blieb

Das blaue Viereck auf dem Boden
Im Vorraum der Kirche
Unter dem Turm
Ein Abdruck des Himmels
Fußstapf Gottes
Abschattung von Licht
Ausgebreitet
Vor unseren Füßen

Fuß des Kreuzkokons,
In den wir eingesponnen sind
Zugleich deutender Finger nach oben
Turmgleich

Ach Blau
Ich möchte mich in dich hinein
Ausbreiten
Mich tragen und füllen lassen
Von Gottes
Lichtschattenlicht

Caput mortuum

Caput mortuum

Das tote Haupt
Totenkopf
So nennen die Maler diese Farbe
Ein Rot, nicht mehr wie Blut
Nicht mehr wie Glut
Noch nicht wie Rost
Rotfleckig auf einem Gestänge
Von Ackergeräten
Wie ich sie in meiner
Kindheit sah
Die Walze
Die Egge
Die verrosteten Beschläge
Eines alten Rades

Nein, so tot noch nicht
Aber nicht mehr wie frische Wunden
Warm rinnendes Blut

Caput mortuum

Sie haben Stunden dort oben gehangen

Sein Schrei war längst verhallt
Dieser Schrei
Von dem die Evangelisten
Das ferne Echo aufgefangen haben
Jahrzehnte später
Der Gräber öffnete
Felsen sprengte

Caput mortuum

Die rote Farbe des Todes
Der Tod ist mennigerot
Ich habe nicht gedacht
Dass Tod rot ist
Jetzt weiß ich warum

Heute sind wir rot
Morgen sind wir tot
Morgenrot
Leuchtet mir zum
Frühen Tod

Tod reimt sich auf Rot.
Englisch Oxyd

Caput mortuum

In eigener Sache

40 Jahre „Wort zum Sonntag"

Vor vierzig Jahren, am 8. Mai 1954, ist das erste Wort zum Sonntag gesendet worden. Ein evangelischer Pfarrer aus Norderstedt, Propst Peter Hansen-Petersen, hat es gesprochen. Damit ist das Wort zum Sonntag neben der Tagesschau die älteste Sendung des deutschen Fernsehens.

Natürlich ist das Fernsehen heute nicht mehr so wie vor vierzig Jahren. Auch das Wort zum Sonntag ist anders geworden. Es ist nicht mehr so pastoral. Das gesprochene Wort wird öfter mal durch Bild und Kunst unterstützt, und es kommt nicht immer aus dem Studio. Außerdem sind viele Frauen dabei. Aber revolutionär sind diese Veränderungen nicht. Ein Gesicht und das gesprochene Wort: das ist unser Stil. Es bleibt dabei, dass ein Mensch versucht, aus der Sicht seines Glaubens etwas zu einem Problem, einem Ereignis, einem Fest oder einem Bibelwort zu sagen. Immer ist es ein persönlich verantworteter Beitrag. Zensur findet nicht statt.

Das Wort zum Sonntag hat im Lauf der Zeit – vornehm ausgedrückt – viel kritische Begleitung erfahren. Dem einen war es nicht aktuell oder nicht politisch genug, dem anderen fehlte das reine Bibelwort. Dem Dritten war es zu locker, dem Vierten zu bieder. Die Kabarettisten haben es als ergiebigen Stoff entdeckt, und angeblich gehen die meisten Leute in diesen paar Minuten Bier holen oder aufs Klo.

Eigentlich müsste ein so kritisiertes Fernsehfossil längst ausgestorben sein. Und wenn man die Leute so reden hört, denkt man: Da guckt gar keiner hin. Aber es muss eine Dunkelziffer von heimlichen Zuschauern geben, die beim Bier und beim Bügeln, rein zufällig und allenfalls verschämt aus den Augenwinkeln, doch einen Blick riskieren. Wir Sprecherinnen und Sprecher kriegen das mit, weil uns viele Leute anrufen oder schreiben, manchmal Monate nach einer Sendung. Offenbar gelingt es uns hin und wieder doch, das rechte Wort zur rechten Zeit zu sagen – und das kann ja durchaus eines sein, das nicht jedem nach der Mütze ist.

Manchmal denke ich, das Wort zum Sonntag ist eine Art Triangel im großen Orchester der Fernsehsendungen. Es hat wahrlich keinen imposanten Ton, aber an bestimmten Stellen ist es durch kein anderes Instrument zu ersetzen. Da kommt es auf genau diesen Ton an. Mit dem Wort, mit der Stimme Gottes in der Welt, ist es genauso. Schon der Prophet Elia am Berg Horeb hat erfahren, dass Gott nicht als Gewitter oder Sturm, sonders als stilles, sanftes Sausen, als „Stimme verschwebenden Schweigens" (Martin Buber) in der Welt ist – leicht zu überhören.

Wenn es uns hin und wieder gelänge, das Ohr der Menschen fein zu stimmen auf das, was als Grundton in, mit und unter dem Orchesterdonner unserer Welt zu hören ist, dann wäre ich ganz zufrieden. Dieser Grundton: ein Gott, der dieser Welt mit stiller Leidenschaft zugetan ist. Kein stummer Götze, sondern einer, der mit uns reden will. Und das heißt nicht, uns dauernd das „Wort zum Sonntag" zu verpassen, wie es im Volksmund heißt. Aber manchmal muss auch das sein. Wer um Himmels willen soll es uns denn sonst sagen?

Blaue Briefe

Viele Kirchengemeinden bekommen fast jede Woche einen Brief ins Haus geschickt – eine Kirchenaustrittserklärung. Vielleicht glauben viele, solche „blauen Briefe" ließen uns kalt. Nein, genauso wenig, wie die in der Schulzeit. Die waren „nur" eine Art Abmahnung. Die Kirchenaustritte sind meistens endgültig. Übrigens – und das macht uns besonders ratlos – treten Menschen aus ganz widersprüchlichen Gründen aus. Dem einen ist die Kirche zu links, dem andern zu rechts, dem einen zu fromm, dem andern zu weltlich, Frauen treten aus der Männerkirche aus, Männer, weil sie Frauen in kirchlichen Ämtern nicht akzeptieren. Die einen vermissen Worte für, die anderen gegen Homosexuelle, für und gegen Abtreibung, für und gegen Kriegsdienst. „Das ist nicht mehr meine Kirche", sagen Menschen und treten aus. Aber kann denn eine Kirche voll und ganz *meine* Kirche sein? Ist es nicht ihre Stärke und ihre Aufgabe, zwischen den Fronten zu stehen, Widersprüche aus- und Menschen zusammenzuhalten?

Und dann das Geld! Die Kirche sollte am besten so arm sein wie Jesus. Zugleich soll sie Geborgenheit geben, Feste verschönern, Menschen in Krisen auffangen,

Kunstwerke erhalten, Arbeitsplätze schaffen, Kindergärten betreiben, Alte und Kranke pflegen und Werte hochhalten: Nächstenliebe, Gerechtigkeit, Frieden. Kirche als Supermutter. Und das alles aus der Portokasse oder dem Klingelbeutel. Ich habe den Eindruck, das ist wie in einer zerrütteten Ehe: Wenn die Liebe kalt geworden ist und man sich nichts mehr zu sagen hat, dann kommt das Misstrauen hoch, man hält sich die alten Schuldgeschichten vor – und streitet über Geld!

Und vielleicht steckt noch etwas dahinter. Es war an einem Abend im letzten Winter. Ich hatte noch in meiner Kirche zu tun gehabt und wollte gerade abschließen, da stand plötzlich ein Mann vor mir. „Ach, wie schön, dass diese Kirche noch offen ist!", sagte er. „Darf ich noch mal kurz hinein? Wissen Sie, es ist schön, in einer Kirche zu sitzen. Nicht im Gottesdienst. Einfach so. Dabei bin ich schon lange aus der Kirche ausgetreten." „Haben Sie schlechte Erfahrungen gemacht mit der Kirche?", fragte ich. Er guckte mich fast erstaunt an. „Eigentlich nicht," sagte er dann. „Im Gegenteil. Aber wissen Sie, mir ist in meinem Leben so viel danebengegangen. Ich glaube, ich wollte mich einfach an Gott rächen dafür, dass es mir schlecht ging. Darum bin ich ausgetreten."

Aus Zorn und Enttäuschung über Gott aus der Kirche auszutreten: das verstehe ich besser, als wenn einer wegen seiner überhöhten Ansprüche an die Supermutter Kirche geht. Und doch – der Mann wäre gerade in der Kirche in guter Gesellschaft. Wie haben die Propheten Israels, Mose, Hiob, aber auch Luther und viele Männer und Frauen in der Geschichte der Kirche mit Gott gestritten, ihn angeklagt, ihm den Prozess gemacht. Sie haben sich nicht zufrieden gegeben mit den alten Antworten und gerade so Neues auf den Weg gebracht. Es schmerzt mich, wenn solche Menschen gehen. Gerade auch Frauen, wo doch das Streiten mit der Kirche erste Früchte trägt.

Ich hänge an der Kirche, weil in ihr die Erinnerung an Gottes Geschichte mit der Welt und die Hoffnung auf sein Reich wach gehalten werden. „Wir haben einen Schatz in irdenen Gefäßen," hat Paulus gesagt. Das ist ein gutes Bild für die Kirche: Nicht auf das Gefäß, auf den Inhalt kommt es an. Die Kirche hat das in ihrer Geschichte öfter mal vergessen. Aber der Schatz, das Evangelium von Gottes Treue zu seiner Welt, ist dadurch nicht wertlos geworden. Gott ist gottlob nicht ausgetreten, weder aus der Welt noch aus der Kirche. Und blau ist nicht nur die Farbe von blauen Briefen, sondern immer noch die Farbe des Himmels!

Vita der Autorin

Geboren 1942 in Magdeburg
Die väterlichen Vorfahren waren Pastoren in der Niederlausitz;
von der mütterlichen Seite her gibt es Bindungen an Ostfriesland.
Verheiratet;
Kindheit und Jugend in Meitzendorf bei Magdeburg, Warmen/
Ruhr, Düsseldorf und Münster.

Studium der evangelischen Theologie in Münster, Marburg,
Heidelberg und Chicago.
Erfahrungen als Gemeindepastorin in Stade und Hannover,
u. a. an der Marktkirche.
Fünf Jahre in der Ausbildung von Vikaren tätig.
1999-2001: Superintendentin des Kirchenkreises Burgdorf bei
Hannover
Seit 2001 Landessuperintendentin für den Sprengel Ostfriesland
der Hannoverschen Landeskirche mit Sitz in Aurich

Schwerpunkte:
Gottesdienst und Predigt; Dritte-Welt-Arbeit; Frauen und Kirche,
Medien und Öffentlichkeitsarbeit;
Seit 1987 Andachten und Beiträge im Rundfunk;
Von 1989-1996 und seit 1999 Sprecherin des Wortes zum Sonntag im Ersten Deutschen Fernsehen;
Mitarbeit beim Evangelischen Kirchentag, kontinuierlich seit
1991.

Lebensthemen:
Persönlich verantworteter Glaube;
Brücken schlagen zwischen Traditionen und Moderne;
Kirche ohne Berührungsangst, nah bei den Menschen;
Liebe zur Sprache; Glauben in Sprache fassen.

Dieses Buch enthält Texte, die zwischen 1989 und 2002 entstanden sind: Worte zum Sonntag, Rundfunkandachten, Kurzbeiträge
aus unterschiedlichen Anlässen, meditative Texte.

Anmerkungen

Beschädigte Seele   Die Affäre des amerikanischen Präsidenten Bill Clinton mit der Praktikantin Monica Lewinsky ging im Jahre 1998 wochenlang durch alle Medien.

„Nicht Bach, sondern Meer müsste er heißen"   Der 28. Juli 1750 ist der Todestag des Komponisten Johann Sebastian Bach.

Bußtag ade?   Gesendet am 5. November 1994. Das Wort nimmt Bezug auf die wenig später vom Bundestag beschlossene Abschaffung des Buß- und Bettages als eines gesetzlichen und damit arbeitsfreien Feiertages. Der dadurch erzielte wirtschaftliche Gewinn sollte als wichtiger Beitrag zur Finanzierung der neu eingeführten Pflegeversicherung dienen. Die evangelische Kirche protestierte gegen diese Abschaffung eines evangelischen Feiertages, vielleicht zu spät und nicht laut genug, jedenfalls ohne Erfolg. Das „Märchen vom Mond" gehört zu den „Kinder- und Hausmärchen" der Gebrüder Grimm; nur in den Gesamtausgaben zu finden.

Von Scholle zu Scholle   Diese Geschichte und das Gedicht „Von Scholle zu Scholle", das den Psalm 148 verarbeitet, verdanke ich – geringfügig abgewandelt – Zdeněk Svoboda: Gelandet am verlassenen Ufer. Gedichte. Evangelische Verlagsanstalt Berlin 1988, ISBN 3-374-00550-0.

Autobahngebet   Normales Autobahngebet. In: Wolfgang Poeplau, Ich habe mit dir zu reden. Christophorus Verlag, ©Verlag Herder, Freiburg 1989.

Die Witwe von Zarpat   Dieses „Wort zum Sonntag" wurde am 15. September 1989 gesendet. Im Herbst 1989 gab es, nachdem Ungarn seine Grenzen geöffnet hatte, schon vor dem Fall der Mauer am 9. November 1989 einen gewaltigen Zustrom von Menschen aus der DDR. Er war in der Bundesrepublik einerseits Anlass zur Freude, andererseits Anlass zu großer Besorgnis.

Ist euch nicht Kristus erschienen?   Gesendet am 6. Oktober 2001, einen Tag vor dem Beginn des Afghanistan-Krieges, der auf den Terroranschlag des World Trade Centers in New York vom 11. September folgte.

Wohin mit der Angst?   Gesendet am 13. Oktober 2001, knapp vier Wochen nach dem Terroranschlag auf das World Trade Center in New York, der am 11. September 2001 die Welt entsetzte.

Concorde-Katastrophe Am 24. Juli 2000 stürzte in Paris ein Überschallflugzeug vom Typ „Concorde" kurz nach dem Start ab und explodierte. Über hundert Menschen kamen um; die meisten von ihnen waren Deutsche.

Spiel mit dem Feuer Anlass zu diesem Wort, das am 1. Juni 2002 gesendet wurde, waren die verbalen Attacken des FDP-Politikers Jürgen W. Möllemann gegen den stellvertretenden Vorsitzenden des Zentralrates der Juden in Deutschland, Michel Friedman, die eine heftige öffentliche Kontroverse auslösten. In Japan und Südkorea fand gleichzeitig die Fußball-Weltmeisterschaft 2002 statt.

Wie lernt man seine Feinde lieben? Gesendet am 16. April 1999, mitten im so genannten „Kosovo-Krieg": Europäische und amerikanische Verbündete flogen Luftangriffe auf Serbien, um dessen Präsidenten Milosevic zu einer Beendigung seiner Vertreibungspolitik im Kosovo zu zwingen. – Bei einem Bombenangriff auf eine Brücke in Serbien, über die gerade ein voll besetzter Zug fuhr, kamen viele serbische Menschen ums Leben.

Dann kam der Krieg Gesendet am 1. September 1989, am 50. Jahrestag des Überfalls deutscher Truppen auf Polen, mit dem der Zweite Weltkrieg begann.

Statt zu beten, lese ich Zeitung Zeitungsgebet. In: Wolfgang Poeplau, Ich habe mit dir zu reden. Christophorus Verlag, Verlag Herder, Freiburg 1989.

„Lasset uns Menschen machen ...?" Zitat aus der Schöpfungsgeschichte 1. Mose 1, 26: „Und Gott sprach: Lasset uns Menschen machen, ein Bild, das uns gleich sei ..." .

Lazarus, komm heraus! Dieser Text ist eine Meditation der Auferweckung des Lazarus Johannes 11, 17-45, inspiriert durch das Bild „Körper I" von Renate Kornacker, das sie für die Ausstellung „Kunst in Kirchen Raum geben" 1993 in Hannover gemalt hat. Auch die folgenden „Fantasien" beziehen sich auf das Werk dieser Künstlerin, speziell auf die von ihr bevorzugt verwendete Farbe Blau.

Caput mortuum 1. Rotes Eisen-Oxyd, Englisch Rot (Malerfarbe, Poliermittel), 2. Veraltetes, Wertloses

Verzeichnis der Bibelstellen

Beschädigte Seele „Was hilft es dem Menschen ...": Matth. 16,26
Machet die Tore weit „Machet die Tore weit ...": Ps. 24,7
Ein Straßenkreuz für Dirk Der Jüngling zu Nain: Luk. 7,11-17
Von Krippen- und Klappenkindern Maria im Gebirge: Luk. 1,39-56
Ein Fingerhut voll Leben Menschenfischer: Luk. 5, 10
Von Masken- und Rollenspielen „Als ich ein Kind war ...":
  1.Kor. 13,11; „Wir sehen jetzt ...": 1.Kor. 13,12
Sonntagsfinsternis? „Gott ruhte am 7. Tag ...": 1. Mos.2,2;
  „Gott sah an ...": 1. Mos.1,31;
  „Gott segnete den 7. Tag": 1. Mos.2,3
Von Scholle zu Scholle Jiři Izraels Gesang: Psalm 148;
  „denn seine Güte reicht ...": Ps. 36,6;
  „seine Wahrheit für und für": Ps. 100,5
Wonnemonat „Siegel auf dein Herz ...": Hohelied 8,6;
  „Bein von meinem Bein ...": 1. Mose 2,23
Der Engel von Bülzig „Wo kommst du her ...?": 1. Mose 16,7-16
„Friedhofsgemüse" Vision des Propheten Sacharja: Sach. 8,4.5
Rückhalt haben „Fürchte dich nicht ...": Jes. 41,10
Mit dem Kran ins Rathaus, Die „Goldene Regel": Matth. 7,12
Steh auf und geh Der Gichtbrüchige: Mark. 2,2-12
Kennen Sie Asphalt? Der Lahme an der schönen Pforte: Apg. 3,1-10
Zwischen den Türen: Zum neuen Jahr Josua: Jos. 1,9
Österliche Augen-Blicke „Er ist wahrhaftig auferstanden ...":
  Luk. 24,34
Übers Gebirge gehen Maria im Gebirge: Luk. 1, 39-56
Das Geschenk O Heiland reiß die Himmel auf ...: Jes. 52,7;
  Evangelisches Gesangbuch Nr. 7
Geh schlafen, Jakob! Jakob an der Himmelsleiter: 1. Mose 28,10-19a
Die Witwe von Zarpat Elia bei der Witwe von Zarpat:
  1. Kön. 17,10-16
Ist euch nicht Kristus erschienen? „Selig sind die Friedensstifter":
  Matth. 5,9
Wohin mit der Angst? „Fürchte dich nicht ...": Jes. 43,1;
  „eure Namen im Himmel": Luk. 10,20

Concorde-Katastrophe   Hiob 2,11-13; „Alles hat seine Zeit ...":
   Pred. Sal. 3,1-8
Wie lernt man seine Feinde lieben?   „Liebet eure Feinde":
   Matth. 5,43.44a
Dann kam der Krieg   Wind säen – Sturm ernten: Hosea 8,7;
   Vaterunser: Math. 6,9-13
„Lasset uns Menschen machen ...?"   „Lasset uns Menschen machen":
   1.Mose 1,26; „Kinder sind eine Gabe Gottes": Ps. 127,3;
   Ecce homo – Seht, der Mensch: Joh. 19,5
Was sucht ihr den Lebendigen bei den Toten?   „Mein Gott,
   mein Gott ...": Matth. 27,46; „Was sucht ihr ...": Luk. 24,5
Brachland   Wort vom Weizenkorn: Joh. 12,24
Osterlicht   „Er ist wahrhaftig auferstanden": Luk. 24,34
Die klugen und törichten Jungfrauen in Magdeburg   Matth. 25,1-13
Lazarus, komm heraus!   Lazarusgeschichte: Joh. 11,17-45
Abtreibung (1991)   „der werfe den ersten Stein ...": Joh. 8,1-11
Internationaler Frauentag   „es ist noch nicht erschienen ...":
   1. Joh. 3,2
Die Kranichfrau   Jesus in Getsemane: Matth. 26,36-46
Vögel unter dem Himmel, Lilien auf dem Felde   „Jeder Tag seine
   Plage ...": Matth.6,34; „Vögel unter dem Himmel": Matth. 6,26
Tränen am Karfreitag   Jesus hat Erbarmen gefühlt: Matth. 9,36;
   Jesus weinte: Joh. 11,35 u.ö.
Die Furt   Jakobs Kampf am Jabbok: 1. Mose 32,22-33
40 Jahre Wort zum Sonntag   „Stilles, sanftes Sausen ...":
   1. Kön. 19,9-13
Blaue Briefe   „Schatz in irdenen Gefäßen": 2. Kor.4,7

Bildnachweis

Paradiespforte am Magdeburger Dom
   Rechte bei: Constantin Beyer, Weimar
„Körper I" von Renate Kornacker
   Rechte bei der Künstlerin;
   Bildvorlage: Verlag Das Beispiel GmbH, Darmstadt
Alle anderen Fotos
   Rechte bei der Autorin

Prominente
schreiben Liebesbriefe

Klaus Möllering (Hg.)
**Eigentlich ein
Liebesbrief ...**
Paperback, 288 Seiten mit
zahlr. Farbabbildungen
ISBN 3-374-01975-7

Schreiben Sie einen Brief an einen Menschen, der in ihrem bisherigen Leben wichtig war, durch den Sie etwas Besonderes empfangen haben – Liebe und Freundschaft, Kraft und Hoffnung, Vertrauen und Trost.

Dieser Herausforderung stellen sich in diesem Buch Prominente aus Kirche, Kultur und Politik und gewähren damit interessante Einblicke in ihre sehr persönliche Korrespondenz.

Mit Beiträgen von Friedrich Schorlemmer, Dietrich Mendt, Manfred Kock, Margot Käßmann, Reinhard Höppner u.v.a.

EVANGELISCHE VERLAGSANSTALT
Leipzig

www.eva-leipzig.de

Ein Engel
mitten im Alltag

Peter Spangenberg
Ich wünsche mir einen Engel
Segensgebete mitten im Alltag
Hardcover, 90 Seiten
mit zahlr. Fotos
ISBN 3-374-01983-8

Die Texte und Gebete dieses geschmackvoll gestalteten Geschenkbändchens sprechen in ganz verschiedene Lebenssituationen hinein.

Ob Geburt oder Geburtstag, Freude oder Trauer – für jeden Anlass findet der Leser Stärkung und Ermutigung.

Illustriert mit anmutigen Engel-Fotografien von Anja Förster.

EVANGELISCHE VERLAGSANSTALT
Leipzig

www.eva-leipzig.de

Liturgie im Alltag

Erich Hertzsch
Biblisches Brevier
Gebunden mit Lesebändchen,
256 Seiten
ISBN 3-374-01804-1

Innere Ruhe und Klarheit mitten im Alltag, Zuversicht und Ermutigung in schweren Zeiten, Hoffnung und Freude am Abend und am Morgen. Dieses schön gestaltete Brevier ist ein zeitloser Begleiter durch das Jahr. Biblische Texte, Gebete und Lieder vermitteln die unmittelbare Nähe und Wirksamkeit von Gottes Wort im Alltag.

Eine praktische Hilfe und Hinführung zu einer persönlichen Liturgie und hervorragend verwendbar bei der Arbeit mit Gemeindegruppen.

EVANGELISCHE VERLAGSANSTALT
Leipzig

www.eva-leipzig.de